Francesco Griselini

Versuch einer politischen und natürlichen Geschichte des temeswarer Banats

in Briefen an Standespersonen und Gelehrte

Francesco Griselini

Versuch einer politischen und natürlichen Geschichte des temeswarer Banats
in Briefen an Standespersonen und Gelehrte

ISBN/EAN: 9783743312036

Hergestellt in Europa, USA, Kanada, Australien, Japan

Cover: Foto ©ninafisch / pixelio.de

Manufactured and distributed by brebook publishing software (www.brebook.com)

Francesco Griselini

Versuch einer politischen und natürlichen Geschichte des temeswarer Banats

Franz Griselini,

mehrerer Akademien Ehrenmitgliedes und der k. k. Gesellschaft zur Aufnahme des Ackerbaues, der Künste, Manufakturen, und Handlung zu Mailand Sekretärs,

Versuch

einer politischen und natürlichen

Geschichte

des

temeswarer Banats

in Briefen

an Standespersonen und Gelehrte.

Zweyter Theil.

Wien,
im Verlage bey Johann Paul Kraus.
1780.

Zweiter Theil.

Natürliche Geschichte des Bannats. Beschaffenheit des flachen Landes. Gebirge, mit ihren Mineralien und Fossilien: Mineralische Wasser und Brunnen, in verschiedenen Gegenden; besonders die berühmten herkulischen Bäder zu Mehadia.

Erster Brief.

An den Hochberühmten Herrn Abt, D. Lazar Spallanzani, der königl. Akademien zu London und Berlin, wie auch anderer gelehrten Geselschaften Mitglied, der Naturgeschichte auf der kaiserl. königl. Universität zu Pavia Professor.

Ueber die physische Beschaffenheit des platten Landes. Natur des Bodens. Quellen und Flüsse, welche ihn bewässern. Moräste und stehende Wasser.

In der weiten Entfernung, in der ich von unserm gemeinschaftlichen Vaterland lebe, hat doch das Gefühl von Hochachtung und Ergebenheit, welche ich für Eu. ꝛc. hege, nichts von seiner Lebhaftigkeit verloren. Urtheilen Sie aus meinen Gesinnungen auf das Vergnügen, welches Sie mir mit dem Geschenk Ihrer Werke machen — das schönste, was Sie mir geben konnten, ebendas, was Ihnen den Beifall der ansehnlichsten Akademien Europa's, und die Aufmerksamkeit unsers aufgeklärten, philosophischen Jahrhunderts zugezogen hat.

Ihr scharfer Blik, Ihr unermüdeter Beobachtungsgeist, ist bis in die verborgensten Labirinthe der Natur durchgedrungen; nur Männer solcher Art ehren den Lehrstul, und wie es nur Verdienst ist, welches sie dahin führet, so zeichnen sie auch jeden Schritt mit neuen Verdiensten indem sie dem furchtsamen, schwankenden Anfänger die sichersten und kürzesten Bahnen öfnen.

Eu. 2c. haben in diesem Fache bereits soviel geleistet — was können die Wissenschaften und das Publikum nicht von dero weiteren Bemühungen erwarten? Izt, da die allerhöchste Milde die königl. Universität Pavia mit einer auserlesenen Samlung von Naturalien bereichert hat, und Sie in Ihren Vorlesungen über die Naturgeschichte, den Zuhörern nichtallein die Eigenschaften der natürlichen Körper, ihren Nuzen und Gebrauch in den Künsten, Manufakturen und dem bürgerlichen, gesellschaftlichen Leben überhaupt anpreisen, sondern auch durch Vorzeigung derselben eine anschauende Kenntnis davon geben können. Ich hörte zu Wien mit dem wahresten Vergnügen von dem Herrn Ludwig von Lambertenghi, k. k. Sekretär im Departement der italiänischen Angelegenheiten, daß auch die kleine Samlung Mineralien und Fossilien aus dem Bannat Teweswar, welche ich diesem würdigen Gelehrten und Freunde der Gelehrten einst zuzusenden die Ehre gehabt, den gleichen Weg genommen.

Und so enthält denn das Kabinet zu Pavia doch einige Beweise der unterirdischen Reichthümer dieses Landes. Es sind deren zwar nur wenige, doch schmeichle ich mir, Sie werden auch bei diesen wenigen, wenn Sie die Naturgeschichte derselben geben, sich nicht ohne Vergnügen auf einen Freund und Verehrer erinnern, der solche theils auf rauhen, steilen Felsen, theils in den innern Eingeweiden der Erde, in tiefen Schächten und Gruben aufgesucht hat.

Dieser Gedanke, mein Herr Abt, ist für mich so schmeichelhaft, daß ich keinen Anstand nehme, ihrer tiefen einsichtsvollen Beurtheilung die Beobachtungen zu unterziehn, die ich auf solche Art über die physische Beschaffenheit des Bannats überhaupt anzustellen, Gelegenheit gehabt habe.

Man rechnet, daß dieses Land ohngefähr 443 deutsche Quadratmeilen auf unserer Erdkugel einnimmt. Seine Fläche ist ungleich; hier eben, dort gebirgigt. Ich halte mich an diese einzige Eintheilung, welche die Natur selbst an die Hand giebt: die Distrikten oder Kreise, welche die Staats und bürgerliche Verfassung gutgefunden hat, sollen mir nur dienen, die Oerter und Lagen zu bestimmen, wo die Natur ihre Schäze niedergelegt, sie eröfnet und der Industrie dargeboten hat; wo sie sich fruchtbar und lachend, oder traurig und armselig erzeigt, wo sie sich von ihren gewohnten Gesäzen entfernt; überall aber in ihren unendlich vervielfältigten Wirkungen, doch dahin sich vereiniget, daß Menschen und Thiere ihr Bedürfnis finden.

Der gebirgigte Theil des Bannats macht zugleich seine Gränze gegen Morgen, sowie die ebene Fläche sich gegen Abend ausdehnet. Ersterer ist ein Gebirgsanhang, der von den karpathischen Alpen auslauft, wie sie Polen von Oberungarn, Siebenbürgen und der Walachei absondern. Diese Nebenkette verbreitet sich in verschiedenen grösseren Zweigen, durch Siebenbürgen, die Walachei, und über der Marosch durch das Bannat hinaus bis an die Donau, und von diesem Fluß weiter von der andern Seite an die Saw; von der andern aber an die Meerküste von Dalmatien, Albanien und einen Theil von Macedonien. Nur soweit diese Gebirgskette ihren Weg durch das Bannat nimmt, werd' ich ihr hier nachgehn. Und das wäre denn die unregelmässige Streke, die von Mitternacht an der Marosch, ganz nah bei Lippa anfängt und sich gegen Mittag an der Donau, zwischen Ujpalanka und Moldova endigt. (1)

---

(1) Ich mus, was den oryktographischen Inhalt dieses, und auch der folgenden Briefe betrift, um die Lagen der Gegenden deutlicher zu machen, auf die topografische Karte verweisen, welche diesem IIten Theil vorstehet.

Alles übrige ist plattes Land; eine weite Ebene, die zwischen den besagten beiden Flüssen und der Theiß mitten inne schwimmt, und sich auch noch weiter hinaus durch Niederungarn, Sklavonien und das Komitat Sirmien verbreitet.

Der Boden selbst besteht aus verschiedenen, schichtenweise liegenden Erd- und Sandarten. Ich rede hier nur von den obersten Schichten, denjenigen nämlich, welche die Damm- oder Gartenerde ausmachen. Diese wechseln in gewissen Lagen so sehr ab, daß man nur wenig Weg machen darf, um hier eine breite Strek lettigtes Land, dort Thonerde, rein oder vermischt, Mergel und sandigten Boden anzutreffen. Der Sand selbst ist bald kieselartig, bald mit Glimmer vermischt, bald vollkommen kalkartig.

Von der lezten Art breitet sich eine solche Sandlage in der Länge von beinah acht deutschen Meilen aus, so zwar, daß sie hinundwieder neun bis zehntausend Klafter und mehr in die Breite hat. Sie fängt im Distrikt von Becskerek an, wo sie ein sehr irreguläres Dreieck formiret, dessen höchste Spize sich bei Novasella im pancsowa'er Militardistrikt aufs neue erweitert, und in einer Diagonallinie durch den Distrikt von Ujpalanka fast bis an die Donau auslauft, nichtweit von der Gegend, wo die Karasch sich in diesen Strom ergiesset. Man nennt diese weite Streke im deutschen: Sandhügel. Ich habe sie genau untersucht, und mich weit hineingewagt. Ich fand den Kalksand, wenn nicht nasse Witterung ist, äusserst troken, und so flüchtig, daß er sich durch den Wind in Wirbeln erhebt, und dann im Niederfallen zu kleinen Hügeln von verschiedener Höhe ansezt. Demohngeacht hat dieser öde, unfruchtbare Boden, hinundwieder Brunnquellen und kleine Wassersamlungen. Auch gränzet er gegen Mitternacht an die zween grossen Moräste Illancer und Alibonar; sowie er ringsumher mit einem thonartigen Erdreich, und sehr guten Akerland umgeben ist.

Ueberhaupt ist es die Thonerde, welche man in den Ländereien des Bannats am häufigsten findet, obschon auch andere Erdarten vorhanden und

und mit derselben untermischt sind. Sie führen kleine Theilchen Glimmer bei sich, die, wenn sie nicht ganz vom Wasser ausgetränkt sind, immer einigen Glanz von sich werfen. Einige dieser Erdarten sind weich anzufühlen, andere zäh, noch andere werden bei trokner Witterung so hart als Stein, wo sich denn der Boden von allen Seiten in lange, tiefe Rizen spaltet. Gleiche Wirkung hat auch im Winter der starke Frost.

Und diese weiche, lokere Thonerde, sowenig sie vom Landmann bearbeitet und gepflüget, so schlecht der Aker in jeder Betrachtung bestellt wird, giebt jede Art von Produkten, in einem Ueberflusse, der in der That zu bewundern ist: wie man nur immer den Saamen in die Erde bringen mag — das scheinet beinah gleichgültig; denn die Aerndten sind allezeit reich: man denkt auf keinen Dünger, und die Egge ist gar nicht im Gebrauch. Der durchaus von der Salpetersäure angeschwängerte Dunstkreis, giebt auch den Wiesen einen so reichen Vorrath guter Futterkräuter, die man in Ländern, wo der künstliche Anbau derselben zur höchsten Volkommenheit gebracht ist, nicht besser erwarten kann. Ich darf nicht unbemerkt lassen, daß, wo der Boden nicht thon sondern lettenartig ist, man immer unmittelbar unter demselben eine dichte Lage Sand findet, womit sich die Zähigkeit desselben brechen und verbessern läßt; ebenso wie man unter den Sandschichten öfters Kalk Thon und Mergel antrift, welche Erdarten mit dem Sande vermischt, ihn in gutes, fruchtbares Akerland umändern. Doch soweit geht in diesem Lande die Industrie des Feldwirths nicht, daß er diese Geschenke der Natur zu benüzen wüste.

Zur Zeit noch werden die verschiedenen Arten reinen Thones, die gleich unter der ersten Erdschicht, oder der Dammerde, liegen, blos in der Hauswirthschaft verwendet. So werden aus dem weissen Thon allerhand Gefässe und Küchengeschirr verfertiget. Dieser wird durch die Wirkung des Feuers roth — sicheres Kennzeichen, daß er Eisentheile in sich halten mus; dergleichen auch der Letten enthält, aus dem man Bau und Dachziegel macht. Der meiste Gebrauch ist jedoch von den gelblichten und aschgrauen Thonarten: aus diesen mit Stroh und Spreu ver-

vermischt, werden die Wände der Bauerhütten aufgeführet, oder auch ohne dieses Strohgemenge, die Weidenflechten damit überkleidet, die in einigen Gegenden statt der Wände für diese Wohnungen dienen müssen. Ebendieselbe werden auch öfters statt der Mauerspeis gebraucht, um die aus Letten gebrannten, oder auch nur an der Luft getrokneten, Bauziegel zusammenzufügen und unter sich zu befestigen.

Nach der Thonlage kommt man gemeiniglich auf Sand, der noch hinundwieder mit Thon vermischt ist, welches verschiedene Farben und sonderbare Erscheinungen verursachet; dann folget der reine Sand, dann Gries und vermischte Erdlagen, wo man Theilchen von Kalf, Gips und dergl. sieht.

Zur Erläuterung will ich hier eine fremde Beobachtung einrüken, die der meinigen sehr nahe kommt. Sie ist von den Herrn Abt Neumann von Puchholz, Pfarrer zu Temeswar, einem eifrigen Liebhaber der Naturgeschichte, bei der Gelegenheit gemacht worden, da gegen das Ende des J. 1774. in der Fabrikenvorstadt ein grosses Behältnis ausgegraben wurde, um den Wassern einer Quelle, die mittelst einer dazu eingerichteten hidraulischen Maschine, durch unterirdische Kanäle in die Stadt geleitet ist, zur Samlung zu dienen. „Strata omnia, sind die eigenen Worte seines Briefs „ad decem & amplius pedes profunditatis „arenacea erant, jam plus jam minus argilla flava, rubea, aut etiam „albicante, permixta. In profunditate vero 16 pedum sabulum ex „filicibus, partim minutis, partim majusculis repertum est. In distan„tia circiter 8 aut 9 pedum vena aliqua arenae nigrae, ac splendican„tis sese exhibuit, ex qua tentaminis gratia aliquid mecum domum ac„cepi. Postquam haec arena siccata fuit, violaceum colorem exhibuit, „manusque inquinavit. Leta dein probe, arena pura fusci coloris re„mansit; aqua vero filtrata micam pictoriam nigram, *Wallerii* Mo„lybdenam puram, reliquit. „

Höchstwahrscheinlich herrschet eine solche Schicht, hier in mehr, dort in weniger Tiefe, durch die ganze Ebene des Bannates; indem
über=

überhaupt alles Wasser, welches, wo Keller und Brunnen gegraben werden, austrit, oder in Quellen hervorbricht, eine etwas milchigte Farbe, von den Gips und Kalktheilchen angenommen hat, welche es mit sich führet. Wirklich sezen sich diese am Boden der Gefässe an, in denen man dergleichen Wasser eine Zeitlang stehen läßt. Doch ist nicht alles Wasser auf dem platten Land, in gleichem Verhältnis mit Gips und Kalktheilchen beladen: einiges hat mehr, anderes hat weniger, als sie die gesagte Quelle zu Temeswar mit sich führet; auch ändern Geruch, Geschmak und Bestandtheile ab. So finden sich in einer Lage des temeswarer Distrikts selbst, ohngefähr eine halbe Stunde von dem deutschen Dorfe Brukenau, zwo Quellen, deren eine ein abführender Säuerling ist, die andere aber ein Schwefelwasser hat, von bewährter Heilkraft wider die Kräze und andere Hautkrankheiten, tödtlich hingegen für einige Vogelarten, für dieKröten und anderes Gewürme.

Nur wenige Flüsse bewässern den ebenen Theil des Bannats. Es sind dieses die Temes, der Beg oder Bega, die Pirda und Bersova, welche leztere bei Manak, ganz nah an der Gränzlinie der Distrikte Czakowa und Becskeret in die Temes fällt. Doch diesen Abgang des Flußwassers, ersezen die sich samlenden, unterirdischen Feuchtigkeiten und die Leichtigkeit, wenn und wo immer nur man will, durch Brunnen oder andere Gruben, Menschen und Thieren dieses unentbehrliche Bedürfnis herbeizuschaffen. Nichtweniger häufig sind die natürlichen Quellen, welche mit eigener Kraft sich einen Weg durchbrechen.

Da die lezten öfters keinen Abfluß haben, so endigen sich die kleinen Bäche, welche sie anfangs formiren, in Sümpfe und Moräste, mit denen das Land übersäet ist, und welche durch das beständige Austreten der Flüsse in den niedrigeren Lagen sich immer weiter ausbreiten.

Ich will nichts von den Morästen sagen, mit denen die Stadt und Festung Temeswar ehedem umgeben war, und von denen noch einige Spuren und Ueberbleibsel in den abschüssigen Lagen der Gegend übrig

übrig sind, besonders in der Fabrikenvorstadt. Nur die merkwürdigsten und grössesten, wie sie durch beiderlei Ursachen ihren Anfang genommen haben, mus ich berühren.

Der ausgebreitetste von diesen Morästen, nimmt seinen Anfang bei Sinrek, Szegedin gegenüber, wo die Marosch in die Theiß fällt. Er erstrekt sich längst diesem Flusse, weit über seine Vereinigung mit der Donau, bei Perlasvaros und Titul, hinaus, und verbreitet sich weiter über Leopoldova fast bis an Pancsova, wo ihm der Graben Donavizza Gränzen sezt. Und so bedekt dieser Morast einen beträchtlichen Antheil der Distrikte von Csanad, Becskerek und Pancsova.

Ein anderer Morast, ein Anhang des ersten, ist einestheils von der mehr westlichen Seite ausgetroknet, von der andern aber noch unter Wasser. Dieser ausgetroknete Theil nimmt eine beträchtliche Fläche von dem Distrikt Becskerek ein, indem er von der Mitternachtseite bei Groskikinda anfängt, und gegen Mittag beinah an den Begfluß reicht; der andere verlängert sich im Distrikt Temeswar von Clary, Zernia und Ketsche, bis nach Itbai und Perdun. Der Beg durchströmet ihn in seinen Krümmungen.

Ueber die Moräste Illancer und Alibonar, habe ich bei anderer Gelegenheit mehr gesagt (2). Ersterer wird von Mitternacht durch den Fluß Versova begränzt, nimmt einen nicht unbeträchtlichen Theil des Distrikts von Csakova ein und zieht sich auch in den von Becskerek. Der zweite zieht sich von Margita bis an das Dorf Alibonar, von welchem er den Namen führet, oder die sogenannten Sandhügel, worauf er ganz von dem Werschezer Distrikt verschlungen wird, dessen fettes Land er mit einem seiner Aeste erreicht.

Die

---

(2) Im fünften Brief des ersten Theils.

Dieses sind die merkwürdigsten Moräste, die sich am weitesten durch die Ebenen des Bannats ausbreiten. Wie das Land im J. 1552. den Königen von Ungarn durch die Türken entrissen ward, und bis 1716. nur 34. Jahre weniger denn zwei Jahrhunderte, in ihrer Gewalt blieb, hatt' es das gemeine Schiksal aller Länder, die der Raub eines Despoten werden, der nur geizig auf Eroberungen, um den Glüksstand der unterworfenen Staaten wenig besorgt ist. Der neue Besizer dachte auf keine Verbesserungen. Alles blieb der Natur überlassen; keine Dämme, die man den ausgetretenen Wassern der Flüsse gesezt, keine Abzüge, in die man die unter der Erde hervorbrechenden Quellen geleitet hätte. Daher denn immer neue Moräste; und aus gleicher Ursach verschlimmerten sich die schon vorhandenen, grösseren, auf den Grad, daß der Illancer und Alibonar, zween weite Seen stehendes und faulendes Wasser formirten.

Dadurch war die Luft des Landes äusserst schädlich und ungesund geworden. Es ist unglaublich, welche Summen das Allerdurchlauchtigste Erzhaus, nach der Wiedereroberung des Bannats, verwendet hat und noch verwendet, die Wasser aus den Morästen und Sümpfen, mittelst angelegter Durchschnitte, Graben und grösserer Wasserleitungen, in die Flüsse abzuziehn, und endlich alle in die Theiß und Donau zu vereinigen (3). Maximilian Fremaut, ein Niederländer, und vortreflicher Hydraulikus, war es, der den Absichten der menschenfreundlichen Monarchen gemäs, diese höchstwichtigen Arbeiten einzuleiten hatte. Sie sind so bekannt, daß es überflüssig wäre, sie hier nochmals zu beschreiben (4).

Unterdes ist es nicht zu läugnen, daß diese Unordnungen der Natur doch nicht so ganz ohne Nuzen waren; diese ausgetretenen Wasser haben

---

(3) Durch ein allerhöchstes Dekret vom J. 1775. ist die jährlich zu verwendende Summe auf 60000. Gulden bestimmt.

(4) S. Vter Brief des Isten Theils.

haben dem Bannat ein reiches Produkt zurükgelassen, dessen es noch lange geniessen kann. Ich rede von seinen unerschöpflichen Torfgruben. In allen, ehedem überschwemmten oder auch izt noch sumpfigten Lagen, wird man diese nüzliche Brennmaterie in Menge finden, deren Gebrauch auf dem Heerd und zur Beheizung, bei den Kalk und Ziegelöfen, zu Brennung des Töpfergeschirres, bei der Seifensiederei und andern holzverzehrenden Arbeiten, nicht allein eine grosse Ersparnis für die Wälder, sondern auch ein Fingerzeig seyn könnte, den Unternehmer einzuladen, der es in diesen Gegenden mit andern verhältnismässigen Gegenständen versuchen wollte. Ein solcher Versuch könnte für den Staat gewis nicht gleichgültig seyn.

Ich habe mir in dem gegenwärtigen Entwurf einer Naturgeschichte des Bannats, was das platte Land betrift, das Gesäz der Kürze vorgeschrieben. In der Folge, mein Herr Abt, wenn ich auf den gebirgigten Theil komme, werd ich meine eigenen Beobachtungen auch mit fremden vermehren können, um das Gemälde, welches ich vor Eu. ꝛc. aufzustellen die Ehre haben soll, sowenig unvollendet zu lassen, als nur immer von mir abhängen wird.

Zwei

Zweiter Brief
an ebendenselben Herrn Abt.

Einleitung in die umständlichere Naturgeschichte der bannatischen Gebirge, Hügel und Flözen. Eigentliche Lage der Berge; ihre Verkettung unter sich; zwischenliegende grössere und kleinere Thäler. Flüsse, welche sie bespülen, oder daraus entspringen. Waldungen, mit denen Thäler und Gebirge bedekt sind. Höchste Bergspizen. Tiefe Hölen, deren zwo als die sonderbarsten und merkwürdigsten, genauer beschrieben werden.

Daß die bannatischen Gebirge, eine Nebenkette der karpathischen Alpen sind, habe ich in meinem vorigen Briefe bereits angemerkt. Belieben Eu. ꝛc. sich daraus zu erinnern, daß dieser gebirgigte Landesantheil sich aus der Gegend um die Marosch, im Distrikt von Lippa, von Mitternacht gegen mittag bis an die Donau, zwischen Ujpalanka und Moldova, ausbreitet.

Wenn man von Temeswar gegen Morgen reiset, entdekt man diese Gebirge nicht sobald, obschon der Weg über kleine Anhöhen weggeht und man bemerken mus, daß sich der Boden almählig erhebt. Solche mindere Anhöhen und Hügel sind im Distrikt von Temeswar mehrere. Sie fangen bei den Dörfern St. Andrasch, Mercidorf und Monosta an, erstreken sich über Theresienstadt, von Abend gegen Morgen, bis über Murain, Bruknau, Pentschek und Janova hinaus, und sezen weiter durch den Distrikt von Lippa, über Blumenthal, Charlottenburg, Greifenthal, Neuhof, Buchberg fort, bis sie sich in das grosse Gebirge verlieren. Ebenso sieht man auch dergleichen kleinere Anhöhen im Distrikt von

Csakova sich erheben, und zwar von der einen Seite um Gillasch, Jagar, Valepaj, von der andern Seite aber bei Moraviza im Werschezer Distrikt, wo sie über Fabuka, Kustil, längs dem Flusse Karasch fortlaufen, der sich bei Ujpalanka in die Donau ergiesset.

Gröstentheils sind diese Anhöhen aus ebendenselben Erdarten zusammengesezt, aus welchen der Boden des platten Landes besteht. Diese Erdarten liegen schichtenweise; nur die Gegenden ausgenommen, wo die Hügel sich an eine Art Vorgebirges anhängen, welches sich steil erhebet, und gleichsam die Gränzscheidung des platten Landes und der Berge macht; denn dort besteht alles, sowie das Vorgebirge selbst, aus Flözen, Erde, Sand, Fels, und verschiedenen Steinarten, ohne daß die Natur ihre gewohnten Gesäze dabei beobachtet hätte. Ich werde davon seines Orts reden.

Ein Reisender wird auf dem Wege von Temeswar vach Werschez, Craviza oder Dognaska, von diesen Vorgebirgen einen kleinen einsamen Berg unterscheiden, der den Namen Sumlich führet, und der bei den Dörfern Denta, Homor und St. Georg, Csakowa'er Distrikts, zuerst in die Augen fällt. Es sind die Ruinen eines alten Bergschlosses, welches im temesiner Komitat zu den Zeiten, da solches den Königen von Ungarn noch unterworfen war, nicht unberühmt gewesen ist. Ein Berg, an dessen Abhang man das bereits erwähnte fette Erdreich um Werschez findet, ist das erste, was man vor sich hat, wenn man aus der Ebene nach dem Gebirge reiset, und unmittelbar hinter demselben breiten sich auch die übrigen Berge von allen Seiten aus. Viele derselben stehen reihenweise ganz nah aneinander, unterdes andere in langen, unterbrochenen Ketten, hier weite, dort enge Thäler zwischen sich lassen, fast alle aber mit Flüssen, Bächen und kleineren Quellen, bewässert sind.

Nach ebendiesen Thälern, besonders den grössern, untertheilen sich die bannatischen Gebirge: und ich schmeichle mir, daß diese von der

Natur selbst ausgestekte Distrikten, in der topografischen Karte der Provinz nicht undeutlich ausgedrükt sind.

Ein gleiches darf ich von den Flüssen sagen. So sieht man in einem der gesagten grösseren Thäler den Lauf des **Beg** oder **Begaflusses**, der unter den Bergdörfern Kvsli und Koschowiza, an den siebenbürgischen Gränzen entspringt. Durch ein anderes schlängelt sich die **Temes** von ihrem Ursprung aus dem Berg Semnik, im äussersten mitternächtigen Theile des Karansebescher Distrikts, her. Die **Bistra**, welche aus den siebenbürgischen Bergen kommt, und sich zwischen Eschuta und Obreska in die Temes schüttet, macht ein drittes Thal. In einem vierten hat die **Cserna** ihr Bette; welcher Fluß, nach einem langen Wege von dem siebenbürgischen Berge Murarut her, durch seinen Lauf beinah die Gränzlinie des Bannats und der Walachei zeichnet, und nachdem er die Wasser der **Krajova** und **Bellarega** aufgenommen hat, bei Orsova in die Donau fällt. Auch die Flüsse, **Karasch**, **Bersova**, **Nera**, **Pogonisch** u. a. die entweder von der Temes oder von der Donau unmittelbar aufgenommen werden, nehmen ihren Weg durch tiefe Thäler und Abhänge. In nichtwenigen Lagen, wo die Berge durchsezen, erheben sich diese an den Ufern der Flüsse so steil und senkrecht, daß man sie mit einer Art Schauder betrachtet. Es scheint, daß diese Flüsse aus eigener Kraft, durch die reissende Gewalt ihres Stromes, sich einen Weg eröfnet haben — alle die merkwürdigen Erscheinungen, welche sich dem Auge des Beobachters von Moldova bis an den grossen Donaufall über Orsova und die numehr den Türken zugehörige Elisabethenschanze hinaus, anbieten, werden jeden Reisenden hievon so sehr überzeugen können, als ich selbst überzeugt bin.

Unter den Bergen, welche eine beträchtliche Streke lang, sowol von der Seite von Servien als des Bannats, sich an den Ufern des Stromes fortziehen, sind einige äusserst steil; an anderen sieht man die ganze Masse der Mitte nach in gerader, scheitelrechter Linie gespalten; noch andere geben durch ihr rauhes, unregelmässiges Ansehn, die pittoreskesten Aussichten. Hier steigen Felsen in der sonderbarsten Gestalt über das
Wasser

Waſſer empor, dort machen ſie Hölen mit den anſtehenden gröſſern Bergen, oder ihren eingeſtürzten Ruinen. So ſieht man ſie um Kolumbacz und ſolcher Art ſind auch diejenigen Felſen vor Krailvograd, welche man die Papageien nennt; ich brauche nicht zu ſagen, daß das Bild, wenn es etwas von des Figur des Vogels hat, der Natur ſehr koloſſaliſch gerathen iſt.

Noch bewundernswürdiger iſt es, wenn man den breiten, majeſtätiſch daherwallenden Strom, ſich zwiſchen ſenkrechten Steinmaſſen in ein enges Bette zuſammenziehen ſieht, ſo daß er in einigen Gegenden nicht mehr als einen Piſtolenſchuß in die Breite hat. In dergleichen Lagen rollet die Donau über einen felſigten, mit ſteilen Klippen überſäeten Grund hin; wodurch beträchtliche Wirbel entſtehn, wie bei Taktalia, Sviniza, der Inſel Porecz gegenüber, Golumbina, Malagolumbina, und Demircapi, oder der groſſe Donaufall, der ſonſt auch das eiſerne Thor heißt (1). Dieſe gefährlichen Päſſe haben die groſſen Arbeiten veranlaſſet, welche von den Römern, zur zeit, da ſie das Land innehatten, unternommen worden ſind; ſie hatten keine kleinere Abſicht, als eine ſichere Schiffahrt mit gröſſeren und kleineren Fahrzeugen, abwärts ſowol als wider den Strom, herzuſtellen.

Eu. ꝛc. erwarten hier keine Beſchreibung dieſer Arbeiten und der Ueberbleibſel derſelben. Aber wie die Donau den Widerſtand dieſer ſtarken Steinmaſſen überwinden, und vermög des Gewichtes ihrer Waſſer und des abſchüſſigen Erdreichs, ſich einen Weg durchbrechen konnte — das iſt es, was hier nicht übergangen werden darf. Es zeigt ſich auch deutlich, wenn man die Höhe der Berge, mit dem verhältnismäſſig zu derſelben niedrigen Flußbette vergleicht, daß das Waſſer anfangs von oben herab gewirket haben muß, bis der enge Kanal, den es ſich aushölte,

---

(1) Der Lauf der Donau von Belgrad bis Orſova iſt auf der Karte nachzuſehn. Ich habe dieſe ganze Gegend im Julius 1775. bereiſet, und von all dem, was ich hier nur kurz berühre, eine volſtändigere Beſchreibung im neunten Brief des erſten Theils gegeben.

te, durch die Länge der Zeit sich so erweiterte, und so tief herabsank, wie man ihn gegenwärtig sieht. Bei dem unaufhörlichen Anspülen der Wasser an den Steinmassen, konnt es nicht fehlen, daß öfters Felsstüke und Klippen losgemacht wurden; diese rollten in das Flusbette herab, die Wasser brachen sich an ihnen, und so sind denn die Wirbel entstanden, die besonders, wenn starke Winde sich erheben, den Strom sehr unruhig und reissend machen. Ein gleiches mus man von den übrigen, oberwähnten Flüssen des Bannats sagen, wenn man mit einiger Aufmerksamkeit ihren Lauf und die gebirgigten Wege beobachtet, über welche sie sich fortstürzen.

Unter den bannatischen Bergen sind viele, so ganz aller Pflanzen beraubt, daß sie uns nichts als einen nakten Steinrüken und nakte Seitenwände darbieten. Doch sind die mehresten mit Eichen (quercus) Epheu (hedera helix) Nußbäumen (nux vomica) Haselbäumen (nux avellana) Roth und Weißbuchen (fagus carpinus) und anderen hochstämmigen Bäumen bewachsen. Auf andern habe ich verschiedene Gattungen wilder Apfelbäume, den wilden Feigenbaum (Sicomorus) die Fichte (pinus cebra) den Lerchenbaum (larix) die Linde in erstaunender Dike, die Birke, den unächten Acacienbaum; (prunus sylvester) von Gesträuchen aber, Bärentraube (arbutus) Kronsbeer (vitis Idæa) Sauerborn (berberis) u. a. gesehn.

Ueber die Berge, wo diese und andere Baumarten und Gesträuche wachsen, herrschen dike Gebüsche und Wälder, die durch die zwischenliegenden Thäler sich von einem Berge zum andern fortziehen, und von sehr weitem Umfang sind.

Die grösten von diesen Wäldern finden sich in der Klissura und Almasch, wo sie mit dem Gebiete von Karaschiowa, noch einen grossen Theil der Distrikte von Mehadia und Uipalanka einnehmen. Doch sind deren auch von beträchtlichem Umfang in den Distrikten von Karansebes, Werschez, Lugosch und Lippa. Ihre Ausdehnung und Verkettung unter sich,

sich, läßt sich alzuschwer mit Worten ausdrüken; ich muß daher nur auf die Karte verweisen, wo alles dieses vorgestellt ist.

Neben grausen Felsenspizen und waldigten Gipfeln, fehlt es doch nicht, daß die von der Ebene und den Thälern aufsteigenden Hügel, die lachendesten und lebhaftesten Aussichten darbieten solten, sowol durch ihre natürliche Lage, als durch die verschiedenen Bearbeitungsarten, in solchen Gegenden, wo die Einwohner nicht so ganz ohne Industrie sind. Diese Hügel tragen alle Gattungen Korn und Getreide; der Weinstok gelingt aufs beste; man sieht die schönsten Pflanzungen von Zwetschken und andern Fruchtbäumen.

Und wie die Berge des Bannats durch Gestalt, lange Ausdehnung ihrer Ketten, Fruchtbarkeit ihrer Dammerde, und andere oberflächliche Eigenschaften, die im folgenden Brief sollen angemerkt werden, sich voneinander unterscheiden; so bemerkt man auch einen wesentlichen Unterschied in Absicht auf die Höhe derselben.

Die höchsten Berge der Provinz liegen in den Distrikten von Mehadia und Karansebes, von der seite, wo diese Distrikte mit der Walachei und Siebenbürgen gränzen. Sarko, Galliano, Mare, Mika, Maguri, sind in dieser Beziehung die merkwürdigeren Namen; doch ist im Bannat die algemeinherrschende Meinung, daß die Berge Semnik und Surluk die höchsten im Lande sind. Der erste erhebt sich im karansebeser, der andere im werschezer Distrikt. Ein Ingenieur, der an Aufnehmung der neuen Landkarte arbeitet, versicherte mich, daß er acht Stunden weges gemacht um den Gipfel des Semnik zu ersteigen; aber freilich mußt' er auch über verwachsene, überall mit losgerissenen Steinmassen und vom Winde niedergeworfenen Bäumen, verstürzte Pfade, neben tiefen Abgründen, die an sich steilen, unwegsamen Felsen hinaufklettern. Es war im Monat Julius, und doch hatte die Luft in der Höhe einen beträchtlichen Grad der Kälte. Er fand auf dem Gipfel einen kleinen Teich, mit reinen, kristallhellen Wasser, welches Forellen beherberget, die zwar klein, aber von delikatem Fleische sind. Auf sei=
nem

nem Rükweg, entdekt' er in einiger Tiefe gegen Morgen die Quelle der Temes, und noch tiefer gegen abend den Ursprung der Nera, die hier ihre ersten Wasser aus einem grausen Abgrund in einen engen Kanal schüttet.

Ich selbst habe im April 1775. den Scheitel des Serluk bestiegen. Die Absicht meiner Reise waren die bannatischen Bergwerke, und es war mir darangelegen, meinen Weg nicht an die gewöhnliche Strasse zu binden. Aber ich hatte nicht die nöthigen Instrumenten, um mit einiger Genauigkeit die Höhe des Berges zu bestimmen; die Zugänge waren unwegsam; die schlechte Witterung den Beobachtungen sehr ungünstig, und endlich sezte der zuschnelle Marsch einer Bedekung von fünf und sechzig gewafneten Walachen, die mich durch diesen gefährlichen Paß, den die Räuber des Landes sehr unsicher machen, geleiteten, neue Hindernisse um einige richtige Beobachtungen anzustellen. Ich mus jedoch sagen, daß ich von der Höhe einen grossen Theil des umherliegenden unebenen Landes übersehn konnte, sowie ich gegen mitternacht das grosse Gebirge von Niederungarn und gegen Mittag das von Servien entdekte.

Da der sehr uneigentlich so benannte Berg Mika, (2) wie man mir sagte, den beiden erstern an höhe nichts nachgeben soll; so entschlos ich mich, auch diesen zu besteigen. Ein vortrefliches Barometer, welches ich in dem Hause des Verwalters zu Karansebes fand, muste mir den Mangel anderer Instrumenten ersezen.

Ich trat den 17. August des J. 1774. in Gesellschaft des gedachten Verwalters, mit einer Bedekung von vier Husaren, und zehn Mann vom walachischen Gränzregiment, meinen Weg an. Der Berg Mika liegt in ohngefähr zwo Meilen Entfernung von Karansebes, zunächst an den Bergen, welche die Gränze vom Bannat und dem mittägigen Siebenbür-

---

(2) Mica bedeutet im walachischen Klein, und doch ist dieser Berg höher, als der ihm benachbarte Mare, welches gros heißt.

bürgen machen. Er fängt an sich zu erheben, sobald man über einen Hügel weg ist, auf dessen Höhe jener alte Thurm sich befindet, der ohne Grund der Thurm des Ovidius genennt wird. Ich übergehe hier jede andere Beobachtung, die ich auf dieser Reise gemacht, um nur in der Kürze von dem Hauptgegenstand derselben Rechenschaft zu geben.

Nachdem ich am untersten Fusse des Berges die Höhe des Queksilbers in der Glasröhre angemerkt, und im hinaufsteigen von zeitzuzeit das fallen desselben abgenommen hatte, erreichten wir nach drei Stunden äusserst beschwerlichen Weg, eine vom Gipfel nur wenig mehr entfernte Lage; denn die Zugänge waren zu steil, und die Abgründe zu fürchterlich, daß wir uns weiter hätten wagen sollen. Hier berechnete ich aus den verglichenen Beobachtungen, daß wir uns, vom Fusse des Berges in einer Perpendikularhöhe von 2136. Wiener Schuh, befanden.

Ich habe mich hiebei der Verfahrungsart der HH. Cassini, Maraldi und Casselles bedient, wie sie in den Memoires del' Academie Royale des Sciences de Paris, Année 1703. beschrieben ist. Sie nehmen nach vielen Beobachtungen, die sie auf verschiedenen Bergen in Frankreich angestellt hatten, bekanntlich zur Regel an: daß immer eine Linie, welche das Queksilber in der Glasröhre fällt, mit zehn Klaftern Erhebung des Orts in Verhältnis steht; so doch daß man bei dem ersten Zehend Klaftern, einen, bei dem zweiten zwei, bei dem dritten drei, bei dem vierten vier u. s. w. Schuhe zugeben muß.

Es ist mir nicht unbekannt, was die HH. J. Jakob und J. George Scheuchzer in den Philosophical Transactions An. 1720. und 20. über diese Regel angemerkt haben; aber ich weis, daß auch ihre Methode nicht so ganz zuverlässig ist, und daß man überhaupt in Beobachtungen dieser Art nicht die äusserste Genauigkeit erwarten muß.

Ob denn der Mika etwas weniges mehr oder weniger Höhe, als die übrigen beträchtlicheren Berge des Bannats hat — will ich nicht bestimmen: überhaupt aber anmerken, daß man in der ganzen Gegend keine ne so hohen Alpen findet, die auch mitten im Sommer mit Eis und Schnee bedekt bleiben und wo ausser den Gemsen, kein Thier des Waldes aushalten kann. Ich habe zwar in einigen Lagen des Mika grosse Haufen Eis gefunden; es war aber immer zwischen tiefen Gruben und Abgründen, wo durch den Schatten dichter Bäume nur selten oder niemals ein Sonnenstral durchdringet.

In Absicht auf die Höhe, sind also die bannatischen Berge nicht so beträchtlich. Aber sie werden es fast alle, durch andere Merkwürdigkeiten, mit denen die reiche, überall manichfaltige Natur das Aug des Forschers zu heften weis.

Ich werde solchen in meinen folgenden Briefen nachgehn, den gegenwärtigen erlauben mir Eu. ꝛc. mit der Beschreibung zwoer sehr sonderbaren Hölen zu schliessen.

Eine derselben befindet sich in der Klissura, in dem Gebirge, welches sich vom linken Ufer der Donau erhebet. Der Berg selbst heisset Tamantisches, er liegt in geringer Entfernung vom Dorf Ogradina; wo die Donau hinter dem Paß Malagolumbina nach Verhältnis der Breite, die sie in andern Gegenden hat, sich in ein sehr enges Bette dränget (3).

Etwas den steilen Berg hinan, versteckt sich hinter Dornen und Gesträuchen, eine kaum vier Schuh tiefe und zween Schuh breite Grube. Dieses ist der Eingang der Höle, deren Umfang dem Umfange des Berges selbst gleichkommt. Sie ist ganz finster, indem sie nur einiges Licht durch eine ovale Oefnung erhält, die ohngefähr acht Schuh im Durchmesser hat, und von der Natur am höchsten Gipfel des Berges angebracht ist, wo mir der Fels nur drei bis vier Schuh dicht schien. Ein hoher, massi-

---

(3) Kupfertafel VII ist die Lage dieser Höle, nebst der äusseren Gestalt des Berges abgebildet.

massiver Felsenpfeiler hält das ungeheure Gewölbe. Seine Figur gleichet einem Kegel, dessen Grundfläche der Boden der Höle formirt. Sie möchte sicher gegen vierhundert Menschen fassen.

Die Walachen der Gegend behaupten, daß diese Höle ein Werk von Menschenhänden sey; und zwar soll sie Trajan, nach der Eroberung Daciens angelegt haben, um ein Korps Soldaten zu beherbergen, welches zur Bedekung des engen Donaupasses, dahinverlegt war. Als ein Beweis für diese Meinung werden die Ruinen angeführt, die man am Abhange des Berges, nur zwei oder drei Schuh über der Höhe des Flußbettes sieht, und welche also Ueberbleibsel eines hier gestandenen Wartthurms seyn sollen.

Es kann wahr seyn, und ich will es zugeben, daß die grosse Höle zu dem vorgegebenen Gebrauche gedient haben mag. Aber ich läugne, daß sie Menschenarbeit ist: ein aufmerksamer Blik nur, so muß jene einfache, spielende Bauart der Natur auffallen, die ihr allein eigen, und der Kunst nicht gegeben ist. Der gedachte, grosse Pfeiler liegt da, als vom Zufall hingeworfen, und die Steinmasse, aus welcher er besteht, sind zwo perpendikulare Schichten, von denen die Wände des Gewölbes in soviel Diagonalen auslaufen. Mitten auf dem Boden der Höle, erhebet sich ein anderer Fels, der, wie es scheint, in die Tiefe reichet, neben sich aber eine mit Stein ausgefüllte Grube hat, in welche sich zugleich das von der Höhe abtröpfelnde Wasser samlet, und gleichsam einen Brunnen macht. Schöner, spathartiger Tropfstein, überkleidet die Wände, aus denen dieses Wasser ausschwizen; und wahrscheinlich haben diese in der Höhe, ein eigenes Behältnis. Sie fliessen durch die Grube in unterirdische Gänge ab, bis sie unter den gedachten Ruinen aus einer Felsenkluft hervorrinnen, und sich in die Donau verlieren.

Die andere Höle ist in der Nähe der berühmten herkulischen Bäder, im Distrikt von Mehadia, auf dem sogenannten Rauberberg. Auch eine der gesagten warmen Quellen, die von diesem Berg abfliesset, heisset das Rauberbad. Wirklich scheint es, daß die Natur, sowie sie
die

die Höle selbst ausgebildet hat, hier nur Verbrechern und bösen Menschen eine Freistadt gönnen wolte. Man mus, um den Eingang zu erreichen, mit äusserster Mühe und Beschwerlichkeit fast den vierten Theil der Höhe des Berges hinanklettern, der von der Tiefe anzusehn, ganz gerad aufzusteigen scheinet, ohne allen Abhang (4).

Hat man endlich das Ziel erreicht; so zeiget sich zuerst ein hoher Spalt im Berg, der aber noch nicht der Eingang, sondern nur zunächst an demselben ist. Dieser ist nur klein. Man mus sich von innen sogleich rechter Hand wenden, und so kommt man in eine Art von grossen Saal, dessen groteskes Gewölbe aus grausen Felsstüken zusammengefüget ist. Sie laufen in der Höhe in einen äusserst spizigen Winkel zusammen, nur daß er von einigen seiten stumpf wird. Der von aussen bemerkte hohe Spalt verlängert sich bis in das Innere der Höle, wo man ein Stük Mauerwerk dagegen aufgeführet sieht, wodurch die Weite des Spalts vermindert, aber immer noch so viel Oefnung gelassen ist, daß das Tagesslicht eindringen kann. Das Mauerwerk ist aus Bruchstüken, von ebendemselben Felsstein, aus welchem der Berg bestehet, mit Malter beworfen, über zwei Schuh dicht und vier Schuh hoch. Ohngefähr fünf Schuh im Lichten möchte das unregelmässige Fenster haben, welches dadurch übrig bleibt. Der innere Raum der Höle nähert sich einem Viereck, und wenn man die Seiten abmessen wolte, würde der ganze Umfang, soviel ich nach dem Augenmaas urtheilen kann, vielleicht über hundert Schuh betragen. Der Boden ist ungleich, und ganz mit der Erde bedekt, in welche sich die Oberfläche des Felsen, der ihm zur Grundlage dienet, aufgelöset hat. Läßt man einen grossen Stein, oder sonst einen schweren Körper dagegen fallen; so verräth der entstehende starke Widerschall, daß der Berg auch in der Tiefe, wenigstens unter dem Boden der Höle gewölbet seyn mus.

Doch

---

(4) Kupfert. VII. Fig. 2. und 3. stellen den beschriebenen Berg, nebst der Höle vor.

Doch ich habe noch nicht alles beschrieben. Wenn man sich rechts wendet, und mit dem Grubenlicht, womit man sich gleich anfangs versehen mus, genau zusieht, so findet man, daß die groteske Seitenwand der Hőle hier nicht ganz den Boden erreicht, sondern einen ovalen, horizontalen Spalt läßt, etwas weniger als zween Schuh in die Breite. Ich lies erst einige bewafnete und mit Fakeln versehene Soldaten und Walachen durchkriechen, legte mich dann nach ihrem Beispiel auf die Erde, und kam ihnen nach in einem Raum, dessen wunderbares Grausen auch den furchtlosesten überraschen kann. Auch hier endigt sich die Mitte des Gewölbes in einen spizigen Winkel, obschon der Fels von der Spize des Winkels aus, zu beiden seiten in krummen Linien sich abziehet. Man entdekt hinundwieder Spuren von Feuerstätten — vermuthlich, daß die Räuber sich diesen, gewis genug verborgenen Ort, öfters zur Freistätte mögen gewählet haben.

Diese Nebenhöle verengert sich nachundnach von der Vorderseite, und artet in einen unterirdischen Gang, oder Gebirgsstolln aus. Einige glauben, daß dieser Gang sich sehr weit erstreken könnte, woran ich jedoch zweifle. Ich machte nur zwei bis drei Schritte; schon zog sich der Gang sosehr zusammen, daß es unmöglich war, weiter einzudringen, ob man schon deutlich wahrnehmen kann, daß der Spalt weiter durch den Fels fortsezt. Vom Gewölbe hänget schmuziger, dunkler Tropfstein, in kleinen Stüken ab, doch von ganz merkwürdiger Figur, und nur die Grösse ausgenommen, demjenigen ähnlich, den der berühmte Tournefort (5) in der Grotte von Antiparos beobachtet hat. Es ist dieses bekanntlich eine Insel des jonischen Meeres.

Ich will Eu. ꝛc. nicht mit einer Beschreibung der übrigen kleineren Hölen des Bannats ermüden; denn es sind deren mehrere in seinen Gebirgen zerstreut. Diese Gebirge bieten dem Naturforscher interessantere Gegenstände dar, die ich mir auf meinem nächsten Brief vorbehalte, izt aber die Ehre habe, ꝛc.

Dritter

---

(5) Voyage du Levant. Tom. I.

Dritter Brief
an ebendenselben Herrn Abt.

Algemeine Eintheilung der bannatischen Berge in drei Klassen, in Absicht auf ihre Lage, Eigenschaft und Kennzeichen der Materialien, aus denen sie zusammengesezt sind. Produkten aller drei Naturreiche; zuerst die Mineralien: dann die Thiere und Pflanzen, welche man auf den Flözgebirgen, oder den beiden verschiedenen Bergen der zwoten Klasse antrift.

Die mannichfaltigen Erscheinungen, welche die verschiedene Bauart der bannatischen Berge, oder besser zu sagen, die Verschiedenheit der Materialien, aus denen sie zusammengesezt sind, dem Auge des Beobachters anbieten, sind es, von denen ich Eu. ꝛc. vordismal zu unterhalten die Ehre habe.

Ich wünschte soviel Deutlichkeit, als nur immer möglich ist, in mein Gemälde zu bringen. Aus dieser Absicht find' ich eine algemeine Eintheilung des Gebirges nöthig, und seze drei Klassen von Bergen. In der ersten stehn die gleichartigen, oder Felsgebirge; in der zwoten diejenigen, so aus Schichten bestehn, oder die Ganggebirge; in der dritten endlich die Flözgebirge d. h. solche, die aus ungleichartigen Materialien, Felsstüken Sand und Erde, ohne Ordnung gemischt und aufgehäufet sind.

D Die

Die **Selsgebirge** bestehen nicht aus Schichten, sondern das gleiche Felsenstük steiget aus den Eingeweiden der Erde bis an den Gipfel herauf, so zwar, daß man keine Abtheilungen, oder Absäze wahrnimmt, welche die Natur zu verschiedenen Zeiten gemacht hätte, vielmehr alles auf einmal aus ihrer Hand hervorgegangen scheinet. Der Stein selbst ist ein Granit von ziemlich groben Korn, und hat alle Eigenschaften, die ihn dieser Steinart zuzählen.

Berge dieser Gattung sind grossentheils diejenigen, welche das Bannat von Siebenbürgen und dem westlichen Theile der Walachei scheiden. Sie unterscheiden sich, was ihre Bestandtheile betrift, wenig von den karpathischen und Schweizeralpen, den Pirenäen, den lapländischen, norwegischen, böhmischen, schlesischen, deutschen — überhaupt allen Alpengebirgen, die auf unserer Erdkugel ausgestreut sind, selbst die Kordilleren in Amerika nicht ausgenommen. Alle Oryktografen, welche nur die Beobachtung zur Führerinn genommen haben, bestimmen diesen Stein als Granit (1).

Zwar will ein berühmter Mineralog, der Hr. Hofrath von **Delius** aus der Erfahrung behaupten, daß diejenigen von den karpathischen Alpen, welche er selbst bereiset hat, und welche er übrigens als ursprüngliche Berge, die von den ältesten Zeiten unseres Planeten her sind, ansieht, dennoch nicht Granit, sondern blosser, reiner Kalkstein sind (2). Aber gewis hat sich dieser Schriftsteller hierinn geirret. Er hätte, wenn er mit einem Aug ohne Vorurtheil diese Alpen genauer untersucht hätte, finden müssen, daß an vielen derselben zwar das Aeusserliche mit ungeheuren Massen Kalkstein überkleidet, daß aber der innere Kern doch derber Granit ist. So liegen in andern dichte Schieferlagen über den Granit her, der jedoch immer aus diesen Verkleidungen hervorraget, und aus dem überall das Gerippe dieser Alpen bestehet.

Beide

---

(1) Lehmann von Flözgebirgen.
(2) Anleitung zur Bergbaukunst. S. 6.

Beide Arten Ueberkleidungen sieht man an den gesagten Bergen, welche das Bannat von Siebenbürgen und der Walachei scheiden. Dergleichen sind der Obrischa, Sarko, Morarut, Badisch, Mare und Mika, Ruska, Orusa, Kischera u. a. Man darf nur die rauhesten und steilesten Lagen beobachten, wo aus dem Stein eine Wasserquelle hervorbricht, oder wo sonst Abflüsse und Abgründe sind, um den Granit wahrzunehmen, der sich in den Klüften, oder auch auf der Oberfläche zeigt, wenn die schiefer oder kalkartige Rinde abgefallen ist.

Der Herr von Born, dessen Name und edler Eifer in der Naturgeschichte, über jedes Lob hinweg sind, hat die ungarischen, bannatischen und siebenbürgischen Bergwerke zweimal besucht, und im Jahr 1770. ebendiese Beobachtungen gemacht; besonders in derjenigen Gebirgskette, die mit dem Bannat zusammenhängt, und in dem tiefesten, mittägigen Siebenbürgen das Thal Hazeg umgiebt. „Das Innere die„ser Berge, schreibt er, ist Granit, der theils ohne alle Bedekung „frei daliegt, theils mit Schiefer oder Kalkstein überzogen ist„ (3). Aber nicht nur an den Gränzen, auch im innern Bannat findet man ähnliche Berge, besonders in der Klissura, wo ich unter andern einen derselben beobachtet habe, der sich am linken Ufer des Bellarega vor Mehadia erhebt, von allen seiten nichts als rauher, steiler Fels ist, fast ganz von Bäumen und Pflanzen leer.

In den Bergen dieser Klasse hat man sowol in unserer Provinz, als auch in Siebenbürgen und Ungarn, nur selten einige metallische Gänge entdekt, hingegen nie Ueberbleibsel organisirter Körper aus dem Thier und Pflanzenreiche gefunden.

Bei denen von der zweiten Klasse, welche schichtenweise und so zusammengesezt sind, daß man deutlich wahrnehmen kann, wie sie sich

---

(3) Briefe über mineralogische Gegenstände auf einer Reise durch das temeswarer Bannat u. s. w. XXI. Brief.

nachundnach angesezt haben, mus ich zwei Gattungen bemerken, die sich ganz von einander unterscheiden. In der einen bestehn die Schichten aus einer zusammgesezten Steinart; in den andern findet sich nur einerlei Steinart regelmässig aufgeschichtet.

Erstere haben in der Tiefe immer Granit, oder einen andern Stein zur Grundlage, und zwar immer solche, die, wie der Granit selbst, glasachtig sind. So finden sich reiner Thon, thonartiger Glimmer, aufs genaueste mit Quarz vermischt; Quarz mit Glimmer verbunden, und mit Steinmark durchsezt; dieses Steinmark mit verhärtetem Thon, Quarz, oder Schörl untermengt, dessen Körner spathartig sind. Der Herr von Born (4) nennet diese lezte Mischung wegen einer Aehnlichkeit, die sie mit einer vom Linne' beschriebenen Felsart hat, Saxum metalliferum; da es zugleich gemeiniglich eine Weisung auf edle Gänge ist.

Noch andere Schieferarten machen den untersten Theil der bannatischen Flözgebirge aus; auch habe ich solche beobachtet, deren Grundlage silberfarbiger Glimmer war, so daß, wenn an heitern Tagen die Sonne auf diese Grundlage fiel, sie ihre Stralen zurükwarf und wie versilbert schien. Berge dieser Art sieht man auf dem Wege von Karansebes nach Mehadia, wie man sich dem Postdorf Slatina nähert, und die Temes vom Berge Semnik her in einem steinigten Bette dahinrauschet. Sie erheben sich vom linken Ufer des Flusses, und ihr Anblik überraschte mich sosehr, daß ich alle Gefahren des einsamen, steilen und den öftern Angriffen der Räuber sehr ausgesezten Weges vergas; denn die regulirte Mannschaft, welche an die unsichersten Pässe, und fast in alle benachbarte Dörfer verlegt ist, kann nicht so ganz vor diesen entschlossenen Verbrechern schüzen. Umher finden sich grössere und kleinere Stüken von diesem Glimmer zerstreuet. Ebendieselben habe ich an mehreren orten in den tiefen Wegen gesehn, welche durch die beschreibende Gebirgskette führen; wo sie unter sovielen anderen, ganz verschiedenen Steinarten liegen,

---

(4) Ebendaselbst.

gen, als Asbest, Mergel, Spekstein, Gips, Tof- und Sandstein, Kiesel und Felsstüken, deren einige Basaltkörner bei sich führen — alles Anzeichen, daß die innern Schichten der Berge, zu denen man auf diesen Wegen kommt, aus dergleichen Materialien bestehn müssen. Ich darf nicht vergessen, daß einige derselben, wo man mit Absenkung der Schächte in das Innere gekommen ist, Stüken Jaspis enthalten, nichtzugedenken einer unendlichen Menge mannichfaltiger Kristallisationen, die Eu. ꝛc. mit mir den Quarz und Spatharten, überhaupt den parasitischen Steinen zuzählen werden.

Aber aus was immer für Arten glasachtiger Materialien die Grundlagen und untersten Schichten dieser Berge bestehn; so ist die Natur doch standhaft dem Gesäze treu geblieben, daß die Kalklage immer die höchste in der Ordnung der Schichten bleibt. Ich müste sehr weitläuftig seyn, wenn ich alles, was sich hierüber beobachten läßt, anführen wolte.

Der merkwürdigste Gegenstand sind allemal die Metalle und Mineralien, mit denen diese Berge gesegnet sind. Man pflegt sie auch insgemein damit zu unterscheiden, daß man sie Erzgebirge nennt. Der Gangstein ist zwar nicht allezeit, aber doch am gewöhnlichsten, Kalk, Hornschiefer und Schörl; die Gänge selbst sezen bald in geraden, bald in krummen Linien fort; werden von grossen Steinmassen unterbrochen; verändern ihr Streichen hier, vereinigen und durchschneiden sich dort, unter verschiedenen Winkeln. An einem Ort enthält der Gang nur ein einzelnes Erzt, am andern ist er mit Theilchen verschiedener Erzte angeschwängert, doch so, daß immer eines vor dem andern das herrschende ist. Hier trift man wenig oder gar keinen Kies, dort ganze Berge davon; in andern Lagen, wo das Wasser durchdringen kann, häufen sich verschiedene Verwitterungen an, welche die sonderbarsten, mannichfaltigsten Naturspiele, in Figur und Farbe darbieten, je nachdem die Kiese mehr oder weniger Eisen, Kupfer und anderes Metall, mehr oder weniger Schwefel, Arsenik u. s. w. enthalten.

Ich

Ich behalte mir vor, mein Herr Abt, Ihnen in der Folge meiner Briefe, alle Berge dieser Gattung zu nennen, wo bisher Gruben eröfnet worden sind, und die Metalle und Mineralien anzuzeigen, welche sie geben. Izt lassen sie mich von der andern Gattung von Flözgebirgen reden, die meistens aus einer und ebenderselben Steinart bestehen.

Diese ist Kalk, der in regelmässigen, parallelen Schichten aufliegt, die sich gewöhnlich gegen den Horizont neigen. Ich sage: gewöhnlich; denn in einigen dieser Berge, laufen die Schichten auch nach Diagonallinien aus. Und die Berge dieser Gattung umgeben im Bannat, sowie in andern benachbarten und entfernten Gegenden, die vorerst beschriebene Gattung der nämlichen Klasse, öfters aber auch die Berge der ersten Klasse, oder die Gebirge ohne Schichten, indem sie sich am Fusse derselben erheben, oder an ihren Seiten anlehnen.

Dergleichen finden sich sehr viele in dem eigentlichen Bergbezirk der Provinz, und sie enthalten ausser ihren Schichten, oder vielmehr von diesen Schichten überzogen, eine Gattung Fossilien von ganz anderer Eigenschaft, als die übrigen Produkte des Mineralreiches. Es sind dieses Ueberbleibsel organisirter Körper, Schaalthiere und Inkrustationen, Zähne und Knochen grosser Meer sowol, als verschiedener Landthiere, z. B. vom Nashorn, Elefanten, von dem besonders die Baken und Hauzähne vorkommen; ferner Eindrüke von Pflanzen, kennbare Hölzer, theils versteinert, theils verkohlet, ganz mit Erdharz durchzogen, oder in Steinkohlen verwandelt. Ich begnüge mich hier, sie nur zu nennen, da ich mir das eigene Detail dieser Fossilien vorbehalten darf.

Ich habe noch, mein Herr Abt, von der dritten Klasse von Bergen zu reden, wo die ungleichartigen Theile, aus welchen ihr Ganzes besteht, vermengt untereinander liegen, ohne alle Ordnung zusammengehäuft. Sie machen das Vorgebirge aus, und scheinen in verschiedenen Lagen mit den hinter ihnen liegenden Bergen unmittelbar zusammenzuhängen, als wenn gar keine Thäler dazwischenlägen. In meinem zweiten Brief habe ich bereits angemerkt, daß das höchste, am

mei-

meisten ins Aug fallende und sich auch am weitesten in die Ebene heraus=
ziehende Vorgebirge dieser Art, dasjenige ist, an dessen Abhang die blü=
hende Landschaft um Werschez liegt.

Wie ich diesen Berg, da, wo er am steilesten und unwegsamsten
ist, bis an den Gipfel hinaufstieg, fand ich seine Grundlage Kalkstein;
über dieser lagen Glimmer, Talk, und Quarzstüke von ungewöhnlicher
Grösse; dann kamen Sand und Tofsteine, mit mehr oder weniger verhär=
teten Erdarten vermischt; auf diesen endlich war eine andere Kalklage,
die sich zum theil in die gesagten Erden vertiefte. Ich nahm meinen Rük=
weg über einen sanfteren Abhang, wo die sonderbareste Unordnung, in
welcher die nurgenannten Materialien unter sich liegen, das Auge man=
nichfaltig beschäftigt. Hätte ich Feuerprodukten, als Laven, Bimsstein
gefunden; ich wäre nicht angestanden, gewisse tiefe Gruben, die mir auf=
fielen, für Feuerschlünde, und gewisse kleine Kalkhaufen, welche sich
über den Thonschiefer erheben, für Wirkungen von Erdbräuden zu hal=
ten. Bei dieser unordentlichen Anhäufung der verschiedenen Steinarten
sah ich auch Klüfte, die einen mit Porzelanerde, die andern mit einer
Art Gips ausgefüllt, der unter dem Druk der Finger sich in kleine
Stükchen zerrieb. Mich wunderte, unter einem solchen Kahos, doch ei=
ne reine kristallklare Quelle zu finden. Sie bricht nah am Gipfel des
Berges hervor, und hat in ihrer Nachbarschaft eine Kapelle, mit der
Wohnung eines Eremiten, der solche zu besorgen hat; auf der äussersten
Höhe aber sieht man die zerstörten Mauern eines alten Bergschlosses.

Ohngefähr gleiche Beschaffenheit hat es auch mit den übrigen ban=
natischen Vorgebirgen. Die ihnen anhängenden Hügel bestehn aus ähn=
lichen Zusammenhäufungen ohne Ordnung; doch so daß ihre Materialien
als Grus, Sand und Erde, sozusagen ins kleine gebracht sind. Ebenso
verhält es sich mit den Anhöhen, die vom Abhange der beiden, unter
der zwoten Klasse beschriebenen Gattungen von Flözgebirgen auslaufen;
mit dem Unterschiede nur, daß in den lezten alles in Schichten liegt,
nach ebenderselben Ordnung, wie diese Schichten auch durch die Thäler
und

und Ebenen fortſezen. Ich darf mich hierüber auf meinen erſten Brief beziehn.

Und dieſe wäre denn die Beſchaffenheit der Gebirge des Bannats, überhaupt. Vielleicht, mein Herr Abt, wenn ſie ſolche mit der Beſchaffenheit des platten Landes vergleichen, ſtellen Sie mir die Frage: welſch die Urſach ihres gegenwärtigen Zuſtandes war?

Das Problem iſt nicht ſo leicht aufzulöſen; ich muß dieſe Materie auf einen folgenden Brief verſparen, unterdes ich die Ehre habe, mit der ſchuldigſten Hochachtung ꝛc.

Vier-

Vierter Brief

an ebendenselben Herrn Abt.

Flüchtiger Blik auf die vornehmsten Hypothesen, welche bisher die gegenwärtige physische Beschaffenheit der oberflächlichen Rinde unserer Erdkugel zu erklären, ausgedacht worden sind. Anwendung der angeführten und anderer Beobachtungen, auf den kleinen Theil dieser Oberfläche, welcher die Berge und Ebenen des Bannats begreift. Es wird gezeigt, daß ihr gegenwärtiger Zustand nach und nach durch das Meerwasser hervorgebracht worden, von dem die Gegenden langezeit überschwemmt gewesen

Ich brauche Eu. nicht erst die unternehmenden Männer anzukündigen, die wenn sie wenig oder gar keine Länder gesehn — wenigstens sie nicht untersucht hatten, doch hinter einen Schwall von Tagebüchern, Reisegeschichten, orografischen und oryktografischen Bemerkungen, die andere statt ihrer machten, verschanzt, uns mit Hypothesen und Theorien über den Bau der Erdkugel überschwemmen mußten. Einmal fühlten sie den Beruf sich in der gelehrten Welt einen Namen zu machen; und nun schien es ihnen nicht mehr schwer, die Ursachen anzugeben, warum Berge, Hügel, Thäler und Ebenen ihre gegenwärtige Lage haben; warum hier einzeln, dort haufenweise unter den Schichten derselben, so vielerlei Produkte aller drei Naturreiche gefunden werden; warum in der Zusammensezung, Eigenschaft der Materialien, Höhe, Richtung und Verkettung derselben sogrosser Unterschied herrschet — alles Gegenstände, an deren Untersuchung der aufmerksame Forscher der grossen Werke der Natur sich nur mit Bewunderung und Ehrfurcht waget.

Unter diese Hypothesen zähl' ich jedoch nicht die ausschweifenden Träume eines P. Kircher; (1) noch die abentheuerliche Meinung des Grafen Marsigli, der die Erdkugel für ein, nach den ursprünglichen Gesäzen der Bewegung, organisirtes Ganzes hält; (2) noch den Einfall des Tournefort, (3) über die Vegetation der Steine, die er besonders in den figurirten findet; denn so nennet er die Ueberbleibsel der organisirten, versteinerten Körper, mit einigen ältern Weltweisen, die vor ihm sie für Scherze oder Spiele der Natur und des Zufalls hielten. (4) Ich müste, wenn ich auf dergleichen Ideen eingehn wolte, wol über vierzig verschiedene Sistemen anführen; ich kann also nur die vorzüglichsten berühren, die mit einigem Beifall aufgenommen worden sind, und auch unter den aufgeklärten Geistern ihre Anhänger gefunden haben.

Das älteste Sistem ist dasjenige, welches in dem gegenwärtigen Zustand der Erde, in der unendlichen Menge von Ueberbleibseln und Trümmern der Meerprodukten, den Beweis einer algemeinen Ueberschwemmung findet, wo der Himmel durch herabgeschüttete Ströme, und

---

(1) Mundus subterraneus.
(2) Histoire de la Mer, avec Préface de Mr. Boerhave.
(3) Nach seinen Betrachtungen über den Labirinth von Kandia, in den Memoires de l' Academie Rojale de Sciences de Paris, Année 1705.
(4) Besser als dieser grosse Botaniker und die Gelehrten die seiner Meinung sind, sucht sich Leibniz mit seinem Sistem aus den Schwierigkeiten zu ziehn. Er konnte weder dem Zeugnis der Sinne, noch der vor ihm gemachten Beobachtungen eines Bernard di Palissi, Augustin Scilla, de corporibus marinis lapidescentibus, Fabius Columna, de glossopetris, Steno, de solido intra solidum contento, und anderer, widersprechen; und so könnten nach seiner Erklärung, die Auswürfe des Meeres, welche man im Innern und auf der Oberfläche der Berge antrift, durch unterirdische Zugänge und Klüfte, die mit dem Meer Zusammenhang haben, dahingekommen seyn.

und der Abgrund durch Eröfnung seiner tiefesten Quellen, soviel Wasser gegeben, daß die ganze Oberfläche damit überschwemmt und bedekt geworden. (5)

Aber was immer für Zerstörungen eine solche algemeine Ueberschwemmung, auf der Oberfläche und auch in der innern Masse des Erdkörpers, anrichten konnte; so scheinet es doch daß in der kurzen Zeit von einem Jahre, welche die Wasser darüber gestanden, nicht alle Veränderungen hervorgebracht sind, welche sich durch ältere und neuere Beobachtungen bestätigen. Damit fallen aufeinmal die scharfsinnigen Theorien eines Woodward und Thom. Burnet dahin. (6) Und ebenso chimärisch erscheinet die Hypothese des Whiston: daß nämlich Gott, um die Erde aus ihren Ruinen wiederherzustellen, sie von einem Kometen in seinem Laufe habe berühren lassen, durch welchen grausamen Schok die Erde selbst so zerrüttet und zertrümmert worden, daß ihre Theile nach den Gesäzen der algemeinen Schwere und Anziehungskraft der Körper, sich sammelten, und in die gegenwärtige kugelförmige Figur drehten.

Ich gedenke jedoch nicht diese Begebenheit überhaupt in Zweifel zu ziehen, deren Wahrheit von der h. Schrift bestätigt und mit so vielen Umständen erzählt ist. Auch wär' es wider Vernunft und Beobachtung, zu läugnen daß die in Bergen und Ebenen befindlichen Schichten von Fels, Stein, Sand und Erde, nicht seit langen und ver-

---

(5) J. Jakob Scheuhzers Iter alpinum. Ein anderes Werk ebendesselben Verfassers unter dem Titel: Piscium querelae & vindiciæ. Die Abhandlung des del Monti über einen Elefantenzahn und andere merkwürdige Fossilien, die im bolognesischen gefunden worden. Burnets Briefe, die in jedermanns Händen sind, und hundert andere Schriftsteller — berühmte und unberühmte Namen.

(7) Burnets Werk führet den Titel: Theoria telluris sacra. Er hat die Idee seines Sistems aus dem Plato geschöpft, aus dem sie auch Franziskus Patrizius entnommen hatte.

verschiedenen Zeiten sich solten angesezt haben (7); nichtwenige Schriftsteller glauben daher, unser Planet müsse ausser der Sündflut noch andern Abwechslungen und Zerstörungen untergelegen seyn, aus denen sich all die Erscheinungen herleiten lassen, die man sowohl äusserlich auf der Oberfläche, als im Innern desselben antrift, wenn zu Gewinnung der Erzte, Schächte abgesenkt und Stollen angetrieben werden.

Einige Schriftsteller finden die Ursache dieser Erscheinungen in der unmerklichen Veränderung, welche die Erdkugel durch die Bewegung um ihre Achse erlitten, so daß diejenigen Theile, welche ehmals mit Seewasser bedekt gewesen, nachdem eine Wohnung für Landthiere geworden. (8) Andere schreiben solche den zufälligen Ausbrüchen des unterirdischen Feuers, und damit vergesellschafteten Erdbeben zu; welche Ursachen, einzeln oder miteinander verbunden, in denjenigen Theilen der trokenen sowol als mit Wasser bedekten Erdfläche, auf welche sie ihre Wirkungen geäussert, alle die Mannichfaltigkeiten hervorgebracht, die wir an Bergen und Thälern, in Absicht auf ihre Bauart, ihre Zusammensezung und Mischung der in ihrem Innern eingekerkerten, fremdartigen Materien, bemerken. (9)

Es war der grosse Leibniz, (10) durch den diese Meinung einigermassen emporgekommen ist. Sie hat ihr Gewicht von Beobachtung

---

(7) Saxa non primaeva, schreibt der Ritter Linné, sed temporis filios esse, abunde evincunt strata montium. Ebenderselbe erklärt sich folgendergestalt über die im Gestein der Berge eingebakenen Meerauswürfe: Ubi testacea & litophyta fossilia existunt in magna copia, ibi quondam fuere maris littora & abyssus, cum sint mera vestigia maris, omni historia antiquiora. Diluvium vero non demonstrant, sed tantum longioris aevi tudera. *Systema Naturae* Tom. III. p. 7.
(8) Diese Hypothese wird bestritten in den: Recherches philosophiques sur les Americains. Vol. II.
(9) *Mich. Lomonossovv* Oratio de generatione metallorum a terrae motu. Petrop. 1757.
(10) Protogea, sive de telluris prima facie.

tung der Feuerschlünde, derjenigen sowol, die noch izt in verschiedenen Gegenden des bekannten Erdbodens sich durch Rauch und Flammen ankündigen, als der Menge solcher die ausgebrannt sind, und nur durch Laven, verglaste, geschmolzene und verbrannte Materien, die Spuren ihres ehmaligen Daseyns hinterlassen haben. Verstürzungen, Unordnung, Erdfälle, gespaltene grosse Steinmassen, tiefe Klüfte und Hölen — alles dieses gilt den Gönnern dieser Meinung für soviele Urkunden von Feuerverwüstungen, als immer eine geschriebene Geschichte geben könnte. Doch auch an diesen fehlt es nicht. Wirklich haben wir nichtwenige Beispiele, daß das Meer von Gegenden, die es vorher bedekte, sich zurükegezogen hat; unter denen ich nur den bekannten Fall bei Puzzuolo, im Königreich Neapel, anführen will, der sich erst im vorlezten sechszehnten Jahrhundert zugetragen hat, und von welchem uns die umständliche Beschreibung, aus einem Brief des berühmten Porzio an den gelehrten Kardinal P. Bembo, übrig ist. (11) Die Nachrichten von sovielen plözlich entstandenen Erdbränden und Erschütterungen, mit den neuen Inseln, die als eine Folge derselben, mitten im Meer, oder am Strande desselben erschienen sind, begünstigen sehr diese Meinung. So sind in neuern Zeiten die azorischen Inseln aus dem grossen Weltmeere hervorgestiegen; so sind die Inseln des grünen Vorgebirges mit einer neuen vermehret worden; und so ist nur im J. 1707. die bekannte Klippe des jonischen Meeres, in der Nähe von Santorini entstanden. (12)

Ein Schriftsteller, der diese historischen Beweise vor sich hat, kann leicht auf den Gedanken gerathen, daß er aus ähnlichen Ereig-

---

(11) De conflagratione Puteolana. Marcantonio delli Falconi und Pet. Jakob di Toledo, haben ebenfalls Nachrichten von diesem Erdbrand und dem bei Puzzuolo entstandenen neuen Berg gegeben. Es war im J. 1538. Ferner sind nachzulesen, J. Jakob Ferbers mineralogische Briefe, Prag 1776.

(12) Nach den Nachrichten, welche hievon der Ritter Vallisnieri giebt. Ferner Tournefort. Voiage du Levant, Tom. I.

nissen in der Natur, das Daseyn des Seegrundes und der Ueberbleibsel von Wasserthieren und Pflanzen, auf der Oberfläche und im Innern der Berge, herleitet. (13)

Unterdes fehlt sich's doch weit, daß die aus den angeführten und andern Thatsachen hergeleiteten Schlüsse, eine volständige, genugthuende Erklärung geben solten. Und so sind einige Naturkündiger der Meinung, daß da der Erdkreis in der algemeinen Zerrüttung vom Meerwasser erstikt, seine jährliche und tägliche Bewegung, durch den ihm im Planetensistem angewiesenen Kreis verfolgte, ein solcher Kampf zwischen Wasser und Feuer entstanden sey, der diese grosse Rebolution hervorgebracht. Nach ihnen haben beide Elemente wechselsweise zusammengewirket. Das Wasser sezte die aufgelösten, erdigten und sandigten Theilchen nieder; so entstanden die Flözgebirge mit ihren Schichten, besonders die kalkartigen, in denen man aus ebenderselben Ursache die meisten Ueberbleibsel von Seeprodukten und andern organisirten Körpern antrift: dahingegen die Ganggebirge; diejenigen wo keine schichtenweise Lage, keine geordnete Austheilung der Stein und Erdmassen herrschet; diejenigen wo keine Reste organisirter Körper, wol aber die Lagerstätte der Mineralien gefunden werden, eine Wirkung des Feuers seyn sollen. Freilich findet man in ebendiesen Bergen häufige Spuren hervorgebrochener Feuerschlünde, und von ihnen ausgeworfener Materien; auch scheinen Quarz, Talk, Spekstein, Thon, Blende u. s. w. noch mehr aber die Kristallisationen vom Feuer herzuleiten. Diese Meinung hat, was den lezten Punkt betrift, das Ansehen des grossen Naturkündigers, Wallerius für sich; welcher der erste die chemische Theorie der Kristallwerdung durchs Feuer gegeben hat. (14)

Die=

---

(13) Ich will unter andern nur den D. Lazzaro Moro dell' origine de crostacei, che ne' monti si trovano anführen. Ihn widerleget Jos. Constantini, Verità del Diluvio universale dimoltrata; aber nicht mit dem Glük als der Hr. Hofrath Delius gethan hat. Bergbaukunst 1stes Kapitel.

(14) Einer von denienigen, welche diese Hypothese am meisten erläutert haben, ist mein würdiger Freund, Hr. Joh. Arduino Direktor des Agrikulturwesens, u
den

Dieser an sich alte Gedanke, den die neuern Zeiten nur erläutert und besser entwickelt haben, konnte jedoch die gegenseitige Meinung nicht soleicht um ihre Anhänger bringen. Immer beharren noch berühmte Naturforscher darauf, daß alles, was man von Ordnung sowol als von Zerrüttung in der oberflächlichen Rinde unsers Planeten beobachtet, im Ganzen nur Wirkung des nassen Elementes ist (15): der Lauf seiner Ströme, überhaupt seine Bewegung, die Theile welche es niederschlägt; hier sein Eindringen, dort sein Ablauf; sein Steigen und Fallen haben es nach und nach in die tiefen Abgründe gesamlet, und die Gränze von Meer und festem Land bestimmt. Und so kämen die Feuerschlünde, mit ihrer Wirkung auf die Gestalt der Erde, in wenig oder gar keine Betrachtung. Freilich müste man, um sie in Anschlag zu bringen, annehmen daß ein beträchtlicher Theil der Oberfläche mit solchen Feuerschlünden übersäet gewesen; da sich doch in allen vier Welttheilen eine nur mittelmäßige Zahl derselben findet, mehrere Länder aber schlechterdings keine, nichteinmal Spuren ihres ehmaligen Daseyns haben.

Ich

den venezianischen Staaten, ein grosser Naturkündiger und Scheidekünstler Ein Werk von ihm unter dem Titel: Saggio di Litogonia ed Orognosia, erschien zuerst im Vten Band der Schriften der Akademie der WW. zu Siena, und dann im J. 1774. mit einigen beträchtlichen Zusäzen im XIten Band des Giornale d'Italia di Scienza naturale, Agricoltura, Arti e Commercio, welches ich damals herausgab.

(15) Die vornehmsten sind: der Ritter Linné (Systema Naturae Tom. III.) Büffon (Histoire naturelle Tom. I. Theorie de la Terre.) Reaumur (Sur les mines de Falum de la Turrene.) Jussieu (Sur les coquillages & autres corps de la mer, qui se trouvent a S. Caumont &c. Memoires de l'Academ. Roj. des Sciences de Paris.) Mallet (De la diminution des Eaux de la mer.) Lehmann (Essai d'une Histoire naturelle des couches de la Terre &c. Orographiae generalis specimen.) Delius im bereits angeführten Werk, und in zwo Abhandlungen über den Ursprung der Berge; und viele andere.

Ich selbst mus, was die Berge und Ebenen des Bannats, und die Beobachtungen in ihrer Naturgeschichte betrift, mich für die lezte Meinung erklären.

Wirklich hat man in dieser Provinz, in keiner der drei Klassen, in welche ich ihre Berge in meinem vorhergehenden Brief gebracht habe, iemals Spuren solcher Materien gefunden, welche die Feuerschlünde gewöhnlich auswerfen, und welche mit einigem Grund vermuthen liessen, daß das Feuer zu ihrer Entstehung, oder wenigstens zu dem Stand in welchem sie gegenwärtig sind, beygetragen hätte. Ein gleiches gilt von dem benachbarten Ungarn und Siebenbürgen.

Nach diesen vorläufigen Anmerkungen, kann ich dem Problem selbst näher kommen, denn ich nur noch einige wenige dahineinschlagende Beobachtungen vorsezen will.

So hart auch immer die Steine seyn mögen, so sind sie deswegen nichtminder als alle Körper, organisirte und nicht organisirte, dem allgemeinen Gesäz der Zerstörung unterworfen. Der ununterbrochenen Wirkung der Elementen ausgesezt, lösen Wasser, Luft und Sonnenstralen sie in die kleinen Sand und Erdtheilchen auf, aus denen ihre Massen zusammengesezt, und durch das bindende Wesen zusammengehalten waren, welches die Naturkündiger nicht zu erklären wissen, wenn sie von Verdikung des Steinsaftes reden.

Der Hr. Professor Ferber, dessen Bekanntschaft ich mir zur Ehre rechne, bemerkt: daß ein guter Theil der böhmischen Granit und Schieferberge, blos glimmer oder hornartig, d. h. aus Quarz und Glimmer zusammengesezt, nur aber von der Oberfläche einige Schuh in die tiefe, der Stein aus seinem ersten ursprünglichen Zustand, durch die Wirkung der Luft verändert ist. „Die äussere Rinde dieser Berge, schreibt er, ist „ganz weiß, und auf solche Art gemischt, daß man die ersten Bestand„theile, Quarz, Feldspat und Glimmer, welche den Granit ausma„chen, nicht mehr unterscheiden kann. Was vorher fester Stein war,
„er-

„ erscheinet durch diese Veränderung als ein weisser Thon, hier fest und
„ hart, dort weich und dehnbar. Die ganze Gegend um Pilsen ist mit
„ dieser fruchtbaren Thonart bedekt, welche mit andern fremdartigen
„ Materien gemischt, hier die Dammerde macht, und in Farbe und Ei-
„ genschaft abändert. „ Ebenderselbe Verfasser sezt in der Folge hinzu:
„ diese Granit und Schiefersteine zerbröfeln sich an der Luft und verän-
„ dern sich in Thon. „ (16)

Alles dieses findet sich auch in den bannatischen Bergen von dergleichen Gattung. Daher sind nach gefallenem Regen, die Wege äusserst
beschwerlich, und der thonichte, zähe Schlamm, in welchen sich die
Oberfläche des Granit und Schiefersteines auflöset, hält den Reisenden
nichtwenig auf. Die Stadt und Festung Temeswar ist mit einem
Thonschiefer, der Glimmer bei sich hat, gepflastert; und so ist auch bei
nasser Witterung der Kot, bei trokener Zeit aber der Staub, der mit
den Glimmertheilchen den Boden bedekt, gleichunangenehm. In meinem
ersten Brief, über die physische Beschaffenheit des platten Landes, hab
ich angemerkt, daß das Akerland gröstentheils höchstfruchtbar, aus Thon
und Glimmer gemischt ist.

Auch das Meerwasser führet Thon bei sich, wenigstens sieht man
daß er sich nach heftigen Stürmen, häufig an den Ufern ansezt. Es ist
dieses eine sehr gemeine Beobachtung; Isak Biberg, in seiner Dissertation; Oeconomia naturae, die in den linnéschen Amoenit. academi-
cis steht, hat hierauf nicht vergessen. (17)

Noch eine dritte Beobachtung. Ich habe sie im September 1774.
auf der Herrschaft Pulska gemacht, die dem Herrn Grafen Ludwig

---

(16) Memorie epistolari di osservazioni mineralogiche e oritografiche, im Giornale d'Italia. Vol. XI.

(17) Argillam sedimentum maris esse evincunt observata, quorum etiam plerumque
vi littera copiose reperiuntur.

von Dietrichstein zugehöret, einem Kavalier, dessen Denkungsart und Talente seinem Vaterland und seiner Geburt Ehre machen.

Diese Herrschaft liegt in Steiermark zwischen Faistriz und Petau, an einer Kette kleiner Berge von glimmerichten, rothbraunem Schiefer. Ich besuchte, in Geselschaft dieses würdigen Kavaliers, und des berühmten Hrn. Abt Biwald, Professor der Physik zu Gräz, einen dieser Berge: ein kleiner Bach, der über den Schiefer ununterbrochen fortschlich, hatte solchen in Schichten, so dünn als ein Blatt Schreibpapier gespalten; welche Schichten beim Berühren in die zarteste Erde zerfielen, die beigemischten Glimmertheilchen aber glänzend auf dem Finger zurükliessen. Die Wasser des Baches, die in ihrem Lauf mit den aufgelösten Schiefertheilchen angeschwängert worden sind, sezen solche in einiger Tiefe nieder, wo sie sich in Thon verwandelt finden, hier von weisser dort röthlichter Farbe, je nachdem Eisentheilchen beigemischt sind, oder nicht.

Ein gleiches sieht man in den bannatischen Bergen, wo das abtröpfelnde Wasser sich durch die Schieferlagen einen Weg öfnet, oder darüber abrinnet. Hätte die Wirkung des Feuers zu ihrer Entstehung beigetragen, so würde ihr Ganzes nur Verwirrung und Unordnung, keine regelmässige Schichten darbieten: wie es ist, zeigt sich deutlich, daß seine Entstehung ebendieselbe war, wie bei dem Kalkstein — der Bodensaz nämlich, den das Wasser von den abgespülten Schieferlagen nachundnach fallen lies und anschlemmte.

In unserm aufgeklärten Jahrhundert, und mit dem aufgeklärten Manne, den ich zu unterhalten die Ehre habe, wär' es verlorne Zeit wenn ich mehrere Beobachtungen und Beweise häufen wolte, die entgegengesezte Meinung zu entkräften; soviel Wahrscheinlichkeit auch Männer, von sonst grossem Geiste, darüber zu verbreiten wusten. Man kann sie umsoweniger annehmen, wenn man die Bemerkungen eines *Wallerius*, über Quarz, Spat und die übrigen Kristallisationen in Betrachtung zieht.

Der

Der Ritter Linné nimmt die Vegetabilien z. B. die Moosarten, welche man öfters in Quarz und Spat eingewikelt findet, als ein sicheres Zeichen an, daß diese Steinarten sich im Wasser erzeugen musten, und macht über die Kristallisationen überhaupt, folgende Bemerkungen. Figura omnis polyedra in regno lapideo (exceptis petrificatis) a salibus; salia cryftallifationis unica caufa; salia agunt tantummodo foluta, ergo in fluido. Lapides, cryftalli dicti, a quarzo & fpatho folum figura differunt. Cryftalli omnes in fluido natae funt. Figura cum natro aut nitro eadem; ergo cryftalli compofiti per falia. Confirmant haec matrix, locus, color, pelluciditas, proprietates, figura, fpecies; urina, tartarus, ftalactites. (18)

Da man also in den bannatischen Gebirgen keine Spuren ausgebrannter Feuerschlünde, nochweniger ausgeworfene Laven findet; von der andern Seite aber Vernunft und Beobachtung überzeugen, daß die Stein, Sand und Erdlagen der Gegend keinen andern Anfang noch Zuwachs haben konnten, als durch Niederschläge und Anhäufungen eines Bodensazes, der sich ohne Wasser nicht gedenken läßt: so bleibt die richtige Schlußfolge, daß alle diese Berge, Hügel und Thäler, Arbeiten des Wassers, und zwar des Meerwassers sind. Ich habe schon gesagt, daß man häufige Ueberbleibsel, aus dem Pflanzen und Thierreich, in denselben antrift. Dieses beweiset unwidersprechlich eine, oder mehrere, allgemeine Ueberschwemmungen, wo die Wasser dieses Land, wie den ganzen übrigen Erdball geraume Zeit bedekten, der damals schon mit Pflanzen bewachsen war und lebendige Thiere nährte. Ich sage, geraume Zeit, da die mannichfaltig abwechselnde Lage der Materialien, und andere besondere Erscheinungen, deutlich verschiedene, vielleicht sehr weit voneinander entfernte Perioden anzeigen.

---

(18) Syftema Naturæ Tom. III. Obfervat in regn. lapid. §. 7. & 8. Martin. Koeler Specimen de cryftallorum generatione, ist ein umständlicher Kommentar über beide Stellen.

Nun kommt natürlich die Frage: in welcher Ordnung die Berge des Bannats in die Höhe gestiegen, und auf welche Art Fläche und plattes Land entstanden sind?

Ich habe in meinem vorgehenden Brief, bei den Granitbergen der ersten Klasse angemerkt, daß einige derselben, hinundwieder eine Art Rinde oder Bedeckung, von starken Schiefer oder Kalkmassen haben. Es ist auffallend, daß der innere Fels früher als diese äussere Bedekung daseyn muste. Und so wären denn diese Granitberge die ältesten, welche ursprünglich vor allen übrigen sich formirten.

Diese Meinung wird noch mehr dadurch bestärkt, daß nichtwenige Berge der ersten Gattung in der zwoten Klasse, Granit zur Grundlage haben. In diesen liegen die verschiedenen Schieferarten, wie ich sie im vorhergehenden Brief deutlich bezeichnet habe, bald diese bald jene, schichtenweise auf dem Granit, und mehr in der Höhe folgen immer die Kalkschichten. Offenbarer Beweis, daß der Schiefer jünger als der Granit, der Kalkstein jünger als der Schiefer seyn mus. Hieraus weiter geschlossen, folgt daß die erste Gattung der zwoten Klasse, in welche ich die bannatischen Berge gebracht habe, diejenigen nämlich, wo die Schieferlagen unten und die Kalkschichten oben aufliegen, der Ordnung der Entstehung nach für die zweiten; die zwote Gattung ebendieser Klasse aber, deren Schichten von unten bis oben aus blossem Kalkstein bestehn, für die dritten anzusehn sind. Immer sieht man, daß diese lezten jene umgeben, oft auch an ihrem Fusse hervorsteigen; welches gewis nicht seyn würde, wenn beide Gattungen ohne Unterschied der Zeiten entstanden und angewachsen wären.

Endlich die Berge und Hügel der dritten Klasse, welche wie das Vorgebirge von Werschez u. a. aus Schiefer und Kalk bestehn, die hier als festes Gestein, dort als Grus, Sand und Erde, alles ohne Regel und Ordnung aufgehäuft sind. Diese scheinen ganz sicher durch eine heftige, anhaltende Bewegung der Wasser gegen die ersten, zweiten und dritten Berge, angeschlemmt; wobei, denn ihre Masse natürlich im Innern

nern erschüttert, in Wirbeln herumgedrehet und mannichfaltig durcheinandergeworfen ward. Daher ihre Oefnungen, Risse, Spalten und verstürzte grosse Massen, die nachher in grössere oder kleinere Stüken zertrümmert, durch ihr wechselseitiges Anstossen und Reiben, meist in die kleinsten Theilchen aufgelöset wurden, über welche die Gewalt der Ströme sich nachundnach einen Weg bahnte, Thäler machte und in diesen viel abgespülten Schliches niedersezte, bis sie nachundnach in ein sanfteres Bette geleitet, minder ungestüm sich fortbewegten. So glaub ich sezten sich anfangs diese Hügel und Anhöhen an. Wir sehn daß das Wasser, mag es sich schnell od.r langsam bewegen, da wo es in seinem Lauf einen Widerstand findet, aufschwillt, wieder fällt, und unter dem heftigen Umtrieb seinen Schlich sinken läßt, der dann unordentlich liegen bleibt: was hier im kleinen geschieht, stell' ich mir ebenso im grossen vor, wo entweder die Ströme sich brachen, oder die Meerwasser wider die Küsten anschlugen, Winkel und Spizen machten, und so die angesezten Hügel, mit ihrem Niederschlage dem Umfang und der Höhe nach immer vergrösserten. Nur aus einer solchen Zusammenkunft von Ursachen, läßt sich die unordentliche Lage ihrer Materialien erklären.

Gelehrte Naturkündiger beweisen aus unwidersprechlichen Erfahrungen, daß sandigte, erdigte, glasachtige und kalkartige Theilchen, wenn sie in solchen Lagen niedergesezt werden, wo durch Zusammenkunft mehrerer Umstände, der Steinsaft durchdringen kann, daß diese Theilchen sag' ich, dadurch aufs neue gebunden, und in ihren vorigen Zustand zu festem Gestein verwandelt werden.

Genau ist dieses der Fall mit den bannatischen Vorgebirgen, wo fast alles, wie z. B. um Werschez, aus Felsstüken und Steinen von den genannten zwo Eigenschaften unordentlich durcheinander geworfen ist; in einigen Lagen mit Grus, Sand und verschiedenen Erdarten vermischt, in andern nicht vermischt; einige völlig aufgelöset und zerfallen, andere mehr oder weniger gebunden und dichter in ihrem Zusammenhang.

Ich glaube Schlüsse und Beobachtungen beweisen es genug, daß dieses die Entstehungsart der bannatischen Berge der dritten Klasse, oder der Vorgebirge, gewesen ist. Auch getrau ich mir von den anstehenden Hügeln und Anhöhen und dem Boden der Ebene, die sich unabgesezt bis an die Theiß und noch weiter hinaus erstrekt, ein gleiches zu sagen.

Sobald ein fliessendes Wasser die Hindernisse, welche es in seinem Laufe fand, überwunden hat, dabei aber noch in einiger Bewegung bleibt, läßt es immer, in einer gewissen Unordnung seinen Bodensaz sinken. Nur nachundnach stellt sich die natürliche Bewegung wieder her, und dann erst schlägt sich der Bodensaz nach den Gesäzen der specifischen Schwere nieder. In der weiten Streke Landes, die unmittelbar mit dem Vorgebirge zusammenhängt, sieht man diese Gesäze beobachtet. Hingegen herrschet in den anliegenden Hügeln durchaus gleiche Unordnung in den Materialien; nur mit dem Unterschied, daß man in diesen wenige grosse, sondern viele kleine Steine, oder Grus mit Sand und Erde verschiedener Arten, antrift. In den niedrigern Erhebungen, welche von den Hügeln an das platte Land auslaufen, fangen Grus, Sand und Erde an sich regelmässig zu schichten, liegen aber doch in der Ebene selbst noch regelmässiger. Nach Beobachtungen, die beim Graben der Brunnen und Teiche angestellt worden sind, finden sich in der untersten Schicht gewöhnlich grösserer und kleinerer Grus, nebst Theilchen von Gips und Tofstein. Hingegen bestehn die obersten Schichten aus Sand und den leichteren Erdarten. An Stein ist nicht mehr zu gedenken, nochweniger an Felsstüken. Diese obere Schichten sind von verschiedener Natur und Eigenschaft: am meisten herrschet der Thon, mit glänzendem Glimmer; doch giebt es auch genug Mergel, Letten und Kalksand, der lezte an einigen Orten genau demjenigen ähnlich, welchen das Meer an seinen Küsten auspület. Diese Verschiedenheit mag ihren Ursprung von den Gebirgswassern haben, die wie sie sich aus den Thälern, die sie zwischen den Ketten der Berge ausgewaschen hatten, einen Weg in die Tiefe durchbrachen, diese verschiedene Materialien mit sich herabführten.

Noch

Noch mehr scheinet die Ebbe und Flut der Wasser solches veranlaſſet zu haben; nichtminder die gewaltsame Bewegung, in welche sie zuzeiten durch reissende Winde und Stürme gesezt werden. In solchen Fällen weichen sie von den gewöhnlichen Gesäzen der Natur ab, und überladen sich an einem Ort mit Sand und dergleichen Materien, die sie am andern anschwemmen oder niedersezen.

Nur ähnlichen Zufällen kann man auch die Anhäufung des unfruchtbaren Meersandes in der Gegend zuschreiben, die man gewöhnlich Sandhügel nennt, und welche beinah acht deutsche Meilen in die Länge, hin- und wieder aber neun bis zehntausend Klafter in die Breite hat. Ich habe davon in meinem ersten Brief bereits Erwähnung gethan.

So könnte man ohne die Beiwirkung des Feuers anzunehmen, die gegenwärtige physische Beschaffenheit der bannatischen Berge und Ebenen erklären. Wenn man mit seinen Schlüssen nur genau an der Beobachtung hängen bleibt, muß es einleuchten, daß sie die Folge des niedergeschlagenen Bodensazes der Meerwasser ist, unter welche das Land wahrscheinlich eine beträchtliche Zeit versenkt gelegen. Diesen Schlüssen die völlige Evidenz zu geben, deren sie fähig sind, müssen noch folgende drei Fragen aufgelöset werden.

Erste Frage: ob die schichtenweise Lage der Steine und Felsstüken, aus welchen die Berge bestehn, ein Beweis ist, daß sie in einem flüssigen Wesen sich formirt haben, da nämlich dieses flüssige Wesen, zu ungleichen, aufeinander folgenden Zeiten, den sandigten und erdigten Bodensaz fallen lies, den es in seiner natürlichen und zufälligen Bewegung abspülen mochte; warum endlich die Granitmassen nicht schichtenweise liegen, und sich hierinn von den Bergen der zwoten Klasse, d. i. den schiefer und kalk- oder ganz kalkartigen unterscheiden?

Zwote Frage: warum man in den Granitgebirgen so selten Mineralien antrift?

Drit-

Dritte Frage: warum da diese Mineralien immer fast ausschliessungsweise in den Schiefergebirgen verborgen sind, die Ueberbleibsel von organisirten Erd= sowol als Seeprodukten sich mehr als in jenen, in solchen Bergen finden, die blos aus Kalk bestehn?

Ich antworte auf die erste Frage: daß viele gelehrte Naturforscher, aus wichtigen Gründen überzeugt, diese Berge als ursprüngliche ansehn, die von dem Urheber der Natur zugleich miteinemmale hervorgebracht sind; daher diese ungeheuren Massen von gleichem Korn, ohne alle Schichten. Konnte doch die Hand, die Planeten und Firsternen ihre Kreise anwies, ohne daß erst die langsame Wirkung des Wassers dazu hätte beitragen müssen, auch Berge von unserer Erdfläche sich erheben lassen, in deren innern Hölungen, die durch den Dunstkreis irrende Feuchtigkeiten sich sammelten, Quellen, Bäche, und Flüsse machten, die das wesentlichste Bedürfnis der belebten und unbelebten Welt sind. Doch dieser Schluß möchte nicht allen genugthun. Ich seze also hinzu, daß wenn keine Schichten in den Granitmassen, aus welchen der innere Kern der bannatischen Berge der ersten Klasse besteht, wahrgenommen werden, sowenig als in den Granitlagen, über welche nichtwenige Berge der zwoten Klasse erster Gattung sich erheben, man deswegen nicht annehmen dürfe, daß diese Massen und Grundlagen ausser einem flüssigen Wesen entstanden sind. Ohne dieses Mittel, läßt sich keine etwas beträchtliche Anhäufung des Sandes und anderer Erdtheilchen, nochweniger die konische Figur dieser Anhäufungen, gedenken. Die Abwesenheit der Schichten leget denn deutlich vor Augen, daß die Granitberge nicht in abgesezten, verschiedenen Zeiten, sondern auf einmal entstanden sind; durch eine schnelle, nicht unterbrochene Niederschlagung des Bodensazes nämlich, mit welchem sich die Wasser anschwängerten, als sie mit Gewalt austraten; und sowie die Oberfläche der Erdkugel überhaupt, so auch das Bannat überschwemmten, die Lage und Austheilung seiner Materialien, kurz die erste architektonische Anordnung der Natur zerrütteten.

Darf

Darf ich nun als bewiesen voraussezen, daß die gesagten Berge die ältesten in der Provinz sind; so scheint es um die zwote Frage aufzulösen, ganz natürlich und nothwendig: daß ihr erster Anfang und Zuwachs bei Gelegenheit des ersten Einbrechens der Wasser gewesen, da diese die Materialien aus denen das Ganze niedergeschlagen ist, noch nicht angegriffen und zerleget, auch noch nicht die Behältnisse bespület hatten, wohin der höchste Urheber bei der Schöpfung die Produkte des Mineralreiches, jedes für sich, ohne Beimischung fremdartiger Theile, niederlegte. Das ist die wahre Ursach, warum in den Bergen dieser Klasse, im Bännat und in den benachbarten Gegenden, soweit es die bisherigen Beobachtungen geben, nur wenige Erzgänge gefunden werden.

Nun auch auf die dritte Frage zu kommen: so wurden im Fortgang der grausen, allgemeinen Ueberschwemmung, durch die anhaltende, heftige Wirkung der Wasser, die sämtlichen Schiefer und Kalkmassen zerstöret und in ihre Elementartheilchen aufgelöset; dadurch zugleicherzeit die Behältnisse der Mineralien erbrochen; diese selbst in der algemeinen Zerstörung grossentheils in kleine Theilchen aufgelöset, unter sich selbst oder mit den Schiefer und Kalktheilchen vermischt, so daß sie als Bodensaz im fallen vermög ihrer spezifischen Schwere, immer mehr an diese oder jene sich anhiengen. In den erzhältigen Bergen des Bannats, ist der Siz der Metalle, mögen sie nun rein oder gemischt angetroffen werden, gewöhnlich in Hornstein, Schiefer und Kalkstein; woraus man schliessen mus, daß die spezifische Schwere der aufgelösten Erztheilchen, in mittlerem Verhältnis mit den Theilchen gewesen, aus denen die genannten Steinarten entstanden sind. Erinnern sie sich, mein Herr Abt, auf meinen dritten Brief, wo ich angemerkt habe, daß die Erzgänge in den Bergen der zwoten Klasse, erster Gattung, immer durch Hornstein oder Schiefer sezen, d. h. um die Bergsprache zu reden, daß diese Steinarten das Liegende, der Kalkstein aber das Hangende sind. Solte man jedoch in ein oder anderer Grube der Provinz, dieses Gesäz nicht mit der äussersten Genauigkeit beobachtet sehn, so kann das durch spätere Zerrüttungen und Zufälle geschehen seyn; die Algemeinheit der Regel aber nicht widerlegen.

Zweiter Theil.   G   Aus

Aus dem Gesagten ergiebt sich von selbst die Ursach, warum Metalle und andere Produkte des Mineralreiches, in so äusserster Mannichfaltigkeit, bald in ihrer natürlichen Gestalt und Gewebe, bald zerbrökelt, unordentlich und vermischt sich in Adern fortschlängeln; hier in unterbrochenen, dort in fortsezenden Massen, und doch immer bei so verschiedenen Abwechslungen, unter sich, oder zum Liegenden, Schiefer, in der Höhe oder zum Hangenden aber, Kalk haben. Ich brauche nicht zu sagen, daß man ebendaher auch die zwischen den Steinschichten befindlichen, Ueberbleibsel aus dem Pflanzenreich, sowie die Auswürfe des Meeres, Gerippe und Knochen von See und Landthieren, leicht sich erklären wird. Alles dieses kam zerstreut oder haufenweise in die Lagen, wo ihre specifische Schwere, ausschliessungsweise vor andern, mehr oder weniger leichteren Körpern sie niederstürzte.

Soviel hätte ich denn auf die vorliegende drei Fragen zu antworten. Es bestätigt sich dadurch immer mehr, daß das Bannat und die benachbarten Gegenden, nachundnach durch die Wirkung der Meerwasser, zu der gegenwärtigen physischen Beschaffenheit gekommen sind, als diese Wasser zu mächtiger Höhe über die erste ursprüngliche Oberfläche aufgestiegen waren. Ich darf auf die Beobachtungen verweisen, die mein zweiter Brief über das Flußbette der Donau, wie sie sich durch die Berge, welche gegenwärtig die Gränze der Provinz gegen mittag machen, durchgebrochen hat, und auch über andere Flüsse enthält, die von ihren Quellen her das Gebirge bespülen. Denn daß, wie die Meerwasser fielen, auch die Flüsse sich gegen die Tiefe sammelten, auf die ihrem Lauf und Richtung entgegenstehenden Berge und Felsmassen zudrangen, sie auf mancherlei Art auswuschen, einbrachen, der Länge nach spalteten; davon lassen die Spuren, welche man allenthalben findet, keinen Zweifel übrig. Noch hinzugesezt zu dem Detail, in welches ich in dem gegenwärtigen Brief eingegangen bin, einige Beobachtungen, die ich in der Folge Eu. 2c. gelehrten Untersuchungen unterwerfen will, darf ich mir schmeicheln, daß die ganze Summe dieser Beobachtungen die volständige Auflösung des Problems enthalten soll.

Ich

Ich habe mich zwar blos auf Erklärung des Ursprungs der Berge und Ebenen des Bannats eingeschränkt; ich weis aber daß Eu. solche allezeit auch auf die Hypothese anwenden werden, welche was die ganze Erdfläche überhaupt betrift, unter den gelehrtesten und tiefsinnigsten Naturforschern unsers Jahrhunderts am algemeinsten angenommen ist. Unterdes habe ꝛc.

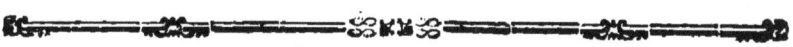

Fünfter Brief
an ebendenselben Herrn Abt.

Umständlicheres Detail, über die verschiedenen Gattungen Fossilien und organisirte Körper aus dem Pflanzen und Thierreiche, welche sich im Innern sowol als auf der Oberfläche, der aus Kalkschichten bestehenden Berge und Hügel im Bannat finden.

Ich entledige mich des Versprechens, welches ich Ihnen, mein Herr Abt, beim Schlusse meines vorigen Briefes gethan. Es sind die verschiedenen Fossilien, welche in die bannatischen Gebirgsgegenden aus ebendenselben Ursachen, denen man überhaupt die gegenwärtige physische Beschaffenheit zuzuschreiben hat, gekommen sind, worüber ich Eu. ꝛc. meine Beobachtungen vorzulegen die Ehre habe. Ich mache den Anfang mit den Ueberbleibseln organisirter Körper aus dem Thier und Pflanzenreiche.

Erinnern sie sich aus dem dritten Briefe, wo ich angemerkt habe, daß diese Ueberbleibsel theils aus Inkrustationen, theils Schalen von Seethieren; Zähnen grosser Meerwunder; Gerippen von Landthieren, besonders Elefantenzähnen; in ganz kenntlichen Abdrücken von Seepflanzen, und in Hölzern bestehn; die theils versteinert, theils verkohlet, theils mit Erdharz durchzogen und zu Steinkohlen verwandelt sind.

Vielleicht findet sich von diesen Gattungen Fossilien eine Menge, zwischen den Schichten der Kalkgebirge dieser Provinz vergraben, eingebaken und auf verschiedene Art angehäufet; ebenso wie in den anliegenden Hügeln, die gleichergestalt aus Stein, Sand, verhärteten Erdarten und Kalkbroken bestehn. Aber in einem Lande, welches von den Naturkündigern noch wenig untersucht worden ist, kennt man nur wenige Lagen, wo dergleichen gefunden werden. Ich kann die bekannten leicht alle nennen. Es sind die Berge und Hügel, welche in der Almasch sich in das Thal endigen, welches der Fluß Nera durchläuft; diejenigen, welche im Cognaska'er Bergbezirk zunächst an Pagocan, wo man in die Thäler Pai und Mare kommt, theils im Csakowa'er Distrikt bei Rafna, theils im werschezer dieß= und jenseits des Flusses Pogonisch.

Die Seeprodukten, welche man in allen diesen Lagen antrift, sind entweder völlig unberührt, d. h. in ihrer ersten Gestalt unverändert, oder ganz verkalkt. Es möchten wol auch versteinerte vorhanden seyn; ich bin aber nie so glücklich gewesen, dergleichen zu Gesicht zu bringen, soviel Mühe ich auch angewendet habe.

In den Anhöhen, welche sich in die gedachten Thäler Pai und Mare endigen, nichtminder in derjenigen, welche sich bei Rafna erhebet, findet man zwischen ihren sandigten und kalkartigen Schichten, häufige Gattungen von Polypen, Madreporen und Milleporen; (1) welche

---

(1) Eigentlich polypara, als Arbeiten verschiedener Arten Thierpflanzen. Berühmte, neuere Naturkündiger geben ihnen den Namen Polipen, da sie bei andern

che einige Weltweise, die sich nicht eben der äussersten Genauigkeit in der Naturgeschichte beflissen haben, unter dem allgemeinen Namen der Korallen (2) begreifen. Ich will nur folgende anmerken. Millepora ramis vagis punctis sparsis *Linn.* (3) Columelus, seu fungites minor *Luidii*. (4) Madrepora composita, corporibus proliferis; e disco pluribus, margine coadunatis, stellis truncatis, centro cylindraceo concavis; wie solche Henrich Fougt, in seiner Dissertation über die Korallen des baltischen Meeres, bestimmt. (5) Ich habe ein Stück eines solchen Polipen gehabt, welches aus einem kleinen Stük Kalkstein hervorbrach, da dieser zugleich mit verschiedenen kleineren Stüken, der Madrepora fistulosa des Imperati (6) und der Madrepora composita cylindris flexuosis, scabris, cortice hinc inde coalitis, (7) übersäet war.

Meernesseln heissen. Ich brauche nicht zu sagen, daß sie mir denen sich unter dem Messer verjüngenden Teichpolipen, welche Trembley, Bonnet und Reaumur beschrieben haben, nicht dürfen verwechselt werden.

(2) Die Korallen sind wirklich eine Arbeit der Polipen. Wer, wie ich selbst gethan habe, sie unmittelbar wie sie aus der See kommen, in einem durchsichtigen Glase mit Seewasser untersucht, und so die in der Rinde nistenden Polipen im Bau beobachtet, wird einen unendlichen Unterschied zwischen ihnen, den Madreporen und Milleporen entdeken. Ich darf mich blos auf einen Vital. Donati (Saggio d'Istoria naturale) berufen; da es kaum nöthig ist, auch einen Reaumur (Memoires pour servir à l'histoire des insectes) und Bern. Jussieu (Memoires del' Academie Roj. des Sciences de Paris. Année 1742.) anzuführen, um die prätendirte Entdekung der Korallen und Matreperenblumen des Grafen Marsigli; (Histoire de la Mer) sowie die Meinung des verstorbenen Hrn. von Baillou, Direktors des k. k. Naturalienkabinets zu Wien, zu widerlegen. Seine Abhandlung hierüber steht in den Atti dell' Academia Colombana di Firenze.

(3) Die Madrepora ramosa des Imperati, und der Mirizo des Donati.
(4) Luid. n. 134. Helw. lit. Angers. 42. c. 5. f. 10.
(5) Amoenitates Academ. Linn.
(6) Linn. Systema naturae.
(7) Die Beschreibung dieser Madrepora und der Polipen, deren Werk sie ist, findet sich im angeführten Werke des Donati. Ich selbst habe eine Abhandlung über die ungestalten Polipen derselben, bekanntgemacht. Giornale d'Italia di Scienze naturale. Volume I.

In ebendiesen Anhöhen finden sich grosse, aufs beste konservirte Austernschalen, (ostracites) Kammmuscheln (pectinites) Miesmuscheln (mitulites) (bucardites) Seeigeln (echinites) Purpurmuscheln (muricites) verschiedene Arten Schraubenschneken (turbonites) Seezähne (entalus) Meerohren (haliotites) Venusmuscheln (concha Veneris) Meereicheln (lepas) Napfschneken (patellites) Röhrenschneken (tubularia) u. s. w. Endlich werden auch Stüke allenthalben durchlöcherter Steine angetroffen, ganz genau denjenigen ähnlich, welche das Meer an seine gebirgigten Ufer auswirft, in deren Vertiefungen man die unbeschädigten Wohnungen der Pholaden sieht, die diese Vertiefungen, sich darinn zu versteken angebracht haben.

In den Anhöhen des Thales Mare fand ich einen Stein, mit kleinen noch nicht völlig kalzinirten Mituliten, mit einer Art schöner, sonderbarer Herzmuscheln.

Eine besondere Art von kegelförmigen Meerigel, den soviel ich mich erinnern kann, noch kein Autor beschrieben oder abgebildet hat, ist in der Almasch ausgegraben worden. Ebendaher sah ich einen sehr schönen Elefantenzahn, von oben etwas kalzinirt, von unten aber ganz in seiner natürlichen Beschaffenheit, so daß man das Bein und den Bau desselben ganz wol ausnehmen kann. Ich habe auch von jenen spizigen Elefantenzähnen gesehn, welche man eigentlich Elfenbein nennet, die in diesen Gegenden ausgegraben waren; aber diese waren ganz verkalket und grossentheils zerstükt, sowie die Beine von den Füssen, dem Rükgrad und Gerippe solcher Landthiere. (8) Ein Hügel in der nähe von Pogscian bietet deren in Menge dar.

Die

---

(8) In der Kanzlei zu Weiskirchen im Militardistrikt von Ujpalanka, wird ein solches ausgegrabenes Elefantenbein aufbewahret, welches man für das Schienbein eines Riesen ausgiebt. Ein viel schöneres, das volkommen konservirt ist, über eine Wiener Elle in die Höhe, und über drei und einen halben Schuh im Durchmesser hat, fand ich auf dem Ritterfale der Festung Temeswar.

Die Einwohner sehn sie nach dem Vorurtheil der ältern Zeiten, nochheutzutag für Gebeine von Riesen und grossen Ungeheuern an, die in dieser Gegend und dem benachbarten Siebenbürgen Drachen benennet worden.

Erlauben Sie mir, mein Herr Abt, daß ich bei dieser Gelegenheit eine Stelle aus des **Peter Ranzani** Epitome historiae hungaricae, die bis auf die Zeiten Königs **Mathias** I. **Corvins** geht, anführen darf. Intra montes Transylvaniae schreibt er (9) extant cavernae, in quibus sunt & multa integra, licet nuda cute, capita caeteraque ossa draconum. Nec satis potuit reddi causa, vel unde vel quomodo talia monstra fuerint ad ea loca delata, eo praesertim quod in ea regione ejusce generis animalia nequaquam gignuntur. Quamquam sunt qui opinantur per diluvium ex Africa, aut ex locis aliis, ubi gignuntur dracones, ex undantium aquarum impetu ea corpora illuc fuisse correpta. Aus dieser Stelle erhellet, daß man zu Ranzans Zeiten alle die vorhandenen Elefanten und Nashorngerippe für Ueberbleibsel jener abentheuerlichen, nirgend als in der heissen Einbildungskraft der Maler und Dichter existirenden Wesen gehalten hat; daß man sie jedoch nicht im Lande selbst wohnen, sondern durch die Wasser der Sündflut aus Afrika, oder anderswoher nach Europa schwemmen ließ.

Wenigstens ist diese Meinung vernünftiger als diejenige, welche der **Graf Marsigli**, in seinem grossen Werk über die Donau hat. Nach ihm sind die Elefanten, deren Zähne man in den Gegenden dieses Flusses findet, mit den römischen Armeen dahingekommen, und da verscharrt worden, wo ihre Knochenreste liegen.

Marsigli war ein Mann von Geist; aber weder ein genauer noch ein glüklicher Beobachter, und die Schlüsse, welche er aus den Beobachtungen zog, sind auch nicht immer die überlegtesten. Die Römer sind
nie-

---

(9) In Collect. rer. Hungaric. P. I. p. 423.

niemals nach Sibirien und dem nordlichen Asien gekommen; dem ohngeacht werden häufige Nashorn und Elefantenknochen, Ueberbleibsel von Seethieren und andern fremden Seeprodukten, besonders in den gebirgigten Lagen dieser entfernten, weiten Gegenden ausgegraben. So hat der gelehrte Naturkündiger und Korrespondent der kais. Akademie der Wissenschaften, Hr. Pallas im J. 1773. am Ufer des Flusses Wilug in dem östlichsten Sibirien, den ganzen Körper eines Nashorns, mit der Haut und Ueberresten von Sehnen und Fleisch gefunden, welches aufs beste erhalten war. Er schikte den Kopf nebst einigen andern Theilen, der Akademie, welche diese Entdekung in ihren Gedenkschriften bekannt gemacht hat. (10)

Ueber ältere Entdekungen ähnlicher Riesengebeine, sowol in Sibirien, der Tatarei und anderwärts, darf ich auf die Abhandlung des ehmaligen Präsidenten der königl. Societät zu London, Hans Sloane, verweisen, die den Philosophical Transactions, und auch den Memoires de l'Academie des Sciences de Paris, eingerükt ist. Fast alle europäische Länder haben dergleichen. In Italien ist es besonders das toskanische, wo man Zähne und Knochen von Nashorn, Elefanten und grossen Meerfischen findet, die in ihre Lagerstätte nicht anders kommen konnten, als durch ungewöhnliche, ausserordentliche Bewegung der Meerwasser, als diese die ganze Fläche unsers Planeten bedekten.

Ich mus bemerken, daß diese Elefanten und Nashornzähne, nicht müssen mit den Zähnen grosser Seethiere verwechselt werden, hauptsächlich des Walrosses, ein Fisch der den lapländischen und norwegischen Meeren und den Küsten von Kamschatka am meisten fürchterlich ist. Die Russen nennen alle ohne Unterschied, Mamotowakost; welches den gelehrten Wallerius in Irtum gezogen hat, daß er in seiner Mineralogie Walroßzähne für Elefantenzähne nimmt, da doch beider Kennzeichen ganz verschieden sind.

Ju

---

(10) Nov. Comment. Academiae Imp. Petropolitanae. Vol. XVIII.

In dem angezeigten Hügel bei Pogscian, der wie ich bereits gesagt habe, eine Menge von Elefantenzähnen verschliesset, fehlt es auch nicht an beigemischten Walroßzähnen. Ich habe sie genau untersucht und den Unterschied zwischen dem Zahne des Fisches und des Landthieres auffallend gefunden. Das Walroß hat sie aus übereinanderliegenden, beinigten Blättern, deren grössere Schichten reihenweise sich in einen Klumpen sammeln, und am untern Theile des Zahns, womit das Thier die Speisen zermalmet, in elliptischer Figur auslaufen. Dieser Bau ist von dem festen, einkörnigten Elfenbeine ganz verschieden. Ich habe noch einen solchen Zahn gesehn, der von der Zerstörung gar nichts gelitten und sich völlig in seiner natürlichen Beschaffenheit erhalten hat; er ist aus der Theiß gefischt, und wird von einem Bürger zu Semlin als eine grosse Seltenheit aufbehalten. Von dieser Art waren wol auch die Zähne, welche man im J. 1761. in Sachsen bei Scharzfels entdekte; daher auch Vogel (11) den Zweifel hatte daß Walroßzähne für Elefantenzähne genommen würden.

Genug von dieser Gattung Fossilien aus dem Thierreiche; es ist Zeit auch auf den Tribut zu kommen, den die Kalkgebirge des Bannats aus dem Pflanzenreiche erhalten haben.

Das merkwürdigste, was mir von dieser Gattung zu Gesichte gekommen ist, war ein aus Thon und Kalk gemischter Stein, den man auf einem Hügel gefunden, der sich in das Thal Mare bei Rafna endiget. Er trägt Abdrücke einiger Stükchen von dem gemeinen Meergrase, (Alga angustifolia vitriariorum Bauhini) und das Laub einer andern Seepflanze, welche R. Bauhin (12) Tournefort (13) Morison, Plukenet, Parkinson und andere Botaniker, mit dem Namen Quercus maritima bezeichnen, und deren Befruchtungstheile Reaumur und Vital. Donati beschrieben haben.

Zweiter Theil. H An-

---

(11) Praktisches Mineralsystem. S. 206.
(12) In Pinace.
(13) Institut. rei herbariae.

Andere Fossilien, die dem Pflanzenreich angehören, hab' ich im Bannat keine gesehn, als Holz, theils versteinert, theils verkohlet, mit Erdharz durchzogen und brennbar gemacht.

Den meisten Reichthum hieran haben einige Anhöhen in der Almasch, vorzüglich um das Dorf Poschowitz herum. Das Erdreich besteht sonst aus Stein, Sand und verhärteter Kalkerde. Es ist zu bemerken, daß das versteinerte Holz und zwar oft in grossen Stüken, als Stämme und Wurzeln bejahrter Eichen, gröstentheils in den trokensten Gegenden, zwischen starken Schichten Sand und rother Thonerde, liegt; dagegen die Steinkohlen besonders in einer niedrigen Lage gefunden werden, die aus Mergel und Kalkerde gemischt ist, und viele Feuchtigkeiten hat, da sie den Ueberschwemmungen der beiden Flüsse Nera und Menisch unterliegt, die bei dem gedachten Dorf ihre Wasser vereinigen.

Man hat gelehrte Untersuchungen, über den Uebergang dieser Produkte des Pflanzenreichs in erdharzigte Fossilien; und es ist bekannt, daß die Ursache desselben in der Verbindung ihres fettigten Wesens mit den mineralischen Säuren des Kochsalzes und Vitriols zu suchen ist. (15) Ich will mich also bei diesem Gegenstande gar nicht aufhalten. Nur was die Holzsteine betrift, mus ich bemerken, daß es ebenfalls ein salzigtes Wesen ist, welches ihr Steinwerden gewirket und sie in allen ihren Theilen durchzogen hat. Doch scheint es daß die Versteinerung zuerst von den zartesten und porösesten Theilen, als dem Mark und dem weissen Kern, anfieng und sich sodenn auf die

auf-

---

(14). Auf dem walachischen Kirchhofe zu Poscowitz findet man grosse Stüken versteinerten Holzes, welches der Fluß Nera hinter sich läßt, wo er die Thäler der Almasch bespület. Die Einwohner graben solche aus, um sie als Leichensteine auf die Gräber ihrer Verstorbenen zu setzen.

(15) Des Herrn J. Arduino, den ich im IVten Brief angeführet habe. Saggio fisico, mineralogico, di Litogonia e Orognosia. Art. III.

äusseren Ringe und die Rinde fortpflanzte. So hab ich von dem Herrn Oberbergmeister Müller, vor seiner Abreise aus dem Bannat, unter andern Mineralgeschenken ein sehr schönes Stük Eichenholz erhalten, welches in Achat übergegangen, die Rinde aber noch nicht Stein war, so daß man mit einem scharfen Messer die Holzfibern leicht voneinander theilen konnte.

Jedermann weis was für ein sonderbares Genie der verstorbene Hr. von Justi war — voll neuer, kühner, oft ausschweifender Ideen, womit er sich unter den Gelehrten Deutschlands zum Encyklopädisten emporschwingen wolte. Er wuste, daß an der bei dem Diokassius berühmten, von K. Trajan auf seinem zweiten Dacischen Zug, durch den Baumeister Apollodorus Damascenus errichteten Donaubrüke, die Pfäle aus Eichenholz zum Theil versteinert sind; und der Vorschlag, daß einer dieser Pfäle, an dem Ort wo sie sich befinden, ausgegraben und nach Wien gebracht werden möchte, war ganz seiner würdig. Durch Verwendung des unsterblichen Kaisers Franz I. wurde bei dem Großherrn die Erlaubnis dazu erwirket. Man fand, daß in mehr als tausend fünfhundert Jahren, es mit der Versteinerung nicht weiter als auf drei Theile eines Zolls gekommen war; daß mithin ein Stük Holz um einen ganzen Zoll zu versteinern, eine Zeit von zwanzig Jahrhunderten erfordert würde.

Nach dieser Beobachtung, und den Schlüssen welche Justi daraus folgert, verliert man sich mit seinen Ideen, wenn man berechnen will, wieviel Jahrhunderte verstreichen müssen, bis Stüke von der beträchtlichen Grösse, wie man sie oft findet, vom Holze völlig zum festen Stein übergehn. Ich selbst besaß aus der Freigebigkeit des nur gerühmten Herrn Müller eine versteinerte Eichenwurzel aus der Almasch, welche über anderthalb Wiener Schuh im Durchmesser hielt, und welche mit meiner übrigen Samlung an die Kön. Universität zu Pavia gekommen ist.

Die Umstände des Orts und der Lage, der mehrere oder mindere Vorrath von Salzen und Säuren, mit dem verschiedenen Grad ihrer Wirksamkeit, fliessen auf das geschwindere oder langsamere Stein und Steinkohlen werden der Vegetabilien ein. Man hat hierüber unendliche Beobachtungen, sie anführen wär in jeder Betrachtung überflüssig; noch mehr aber da ich die Ehre habe einen Naturkündiger der ersten Klasse zu unterhalten, für den das Detail, in welches ich mich verloren habe, ohnedies ermüdend werden muste. Ich rechne nur auf Eu. gewohnte Güte, nach welcher Sie mich entschuldigen, allezeit aber glauben werden, daß mit vorzüglicher Hochachtung 2c.

Sechster Brief
an ebendenselben Herrn Abt.

Mineralgeschichte der bannatischen Berge, erster Gattung der zwoten Klasse. Hier wird der Anfang mit dem Gebirgsstrich Oraviza gemacht: Erzte, welche daselbst gewonnen werden; andere dahin sich beziehende Merkwürdigkeiten.

Ich habe meine Erzählung der Ueberbleibsel organisirter Körper vollendet, welche aus beiderlei Reichen in den Bergen und Hügeln des Bannats, und zwar denjenigen, die ganz aus kalkartigen Schichten bestehn, gefunden werden. Izt hab ich die Ehre Eu. 2c. auch mit den Schäzen des Mineralreichs bekanntzumachen, die in andern gleichfalls aus Schichten bestehenden Bergen ihren Siz haben, wo aber der Kalkstein über der Schiefermasse aufliegt.

Den

Den Gegenstand zu erschöpfen, mus ich den gegenwärtigen und andere vier folgende Briefe bestimmen. In diesen hoff' ich alles zu vereinigen, was die Bergbaukunst in diesen Gebirgen bisher geleistet hat; ich will sie auf allen ihren Entdekungen bis ins innere Eingeweide der Erde verfolgen; alle Mineralien und Fossilien zergliedern, welche in diesen Gebirgen am häufigsten gefunden, und für die Bedürfnisse des gesellschaftlichen Lebens gewonnen werden.

Es war, als *Nerva Trajan* das ganze alte Dacien, sowie diesen Theil desselben, erobert und zur römischen Provinz gemacht hatte, einer der ersten Gegenstände dieses Kaisers, überall die verborgenen Lagerstätte aufzusuchen, wo die Natur das Gold und ihre übrigen Schäze niedergelegt hat, um aus dem eroberten Lande allen möglichen Nuzen zu ziehen. Folgende dacische Inschrift ist ein Gelübde, welches für den Erfolg der Unternehmung drei verschiedenen Gottheiten gethan worden. (1)

```
       IOV. INVENTORI
DITI. PATRI. TERRÆ. MATRI
DETECTIS. DACIÆ. THESAVRIS
DIVVS. NERVA. TRAIANVS.
         CÆS. AVG.
       VOTUM. SOLVIT.
```

Damals ward auch ein Collegium Aurarium errichtet, dessen erster Vorsteher ein Freigelassener Trajans war, der seinen Namen trug. So sieht man aus einer Inschrift bei dem Zamosius (2); bei welchem, sowie

---

(1) Auſſer dem **Gruterus** und andern gehört vorzüglich hieher: Collectio Inscript. Monumentor. Romanor. in Dacia mediterranca per Jo. Sivert. Vien. 1773. N. IV.

(2) Analecta lapidum vetustorum in Dacia antiqua.

wie bei andern Samlern dacischer Steine, man auch andere Denkmäler findet, die Beamte des gesagten Collegii Aurarii zum Gegenstand haben (3). In Siebenbürgen, bei Salatna und anderwärts, finden sich deren nichtwenige; auch sind noch heutzutag Bergwerke in ebenderselben Gegend, die unter der alten Auraria begriffen war.

Wie nun der Anfang in Siebenbürgen (Dacia mediterranea) gemacht war, kam man weiter in die Gegenden, die damals Dacia ripensis hiessen, auch da dieses kostbare Metall aufzusuchen. Es ist bekannt, daß diese Landschaft, den Theil von Ungarn, der über der Theiß liegt, das ganze heutige Bannat Temeswar, und ein Theil der mittägigen Walachei bis an den Fluß Aluta, begrif. Hier findet sich das Gold in kleinen Körnern und Stükchen in einigen Gebirgsthälern, zwischen den Schichten ihres Bodens, sowie am Strande mehrere Flüsse und Bäche. Heutzutag sind in dieser Betrachtung die berühmtesten: die Reres von den Römern Chrysus benannt, welche die ungarischen Komitate Ksanat und Kongrad durchlauft; die Maros, die eh sie sich in die Theiß wirft, das Bannat gegen mitternacht bespület; die Bistra, Nera und andere Flüsse dieser Provinz, die alle von der Temes oder Donau aufgenommen werden.

Unterdes liessen es die Römer nicht bei der blossen Aufsuchung des Goldes bewenden, sie vernachlässigten auch die übrige Metalle nicht, die für die Künste, des Bedürfnisses sowol als der Bequemlichkeit und des Prachtes, ein so schäzbarer Artikel sind. Ich werde, wenn ich mehr ins Detail gehn, und die bannatischen Erzte mit den Bergen, wo sie ihre Lagerstätte haben, nennen werde, nirgend vergessen anzumerken, wo man noch Spuren des römischen Bergbaues findet.

Kup-

―――――――――――――――――――――

(3) Gruterus, Lazius, Fasching, Sam. Köler, Andreas Zustzius, der Graf Ariosti, Lebel und andere. Alle diese Inschriften zusammen findet man in der angeführten Sivertischen Samlung.

Kupfer, Blei und **Eisen** sind am häufigsten. Man scheidet aus einigen der zwo ersten Erzarten eine gewisse Quantität Silbers; die Goldkörner aber, welche man in einigen Lagen aus dem Sande der dritten Erdschicht ziehet, oder welche die Wasser der genaunten Flüsse und Bäche mit sich fortspülen, haben meistens einige Eisentheilchen beigemischt, die vom Magnet angezogen werden. (4)

Die erzhältigen Gebirge sind in die vier kleinen Bergreviere oder Bergämter **Oraviza, Dognaska, Moldova** und **Saska** abgetheilet. Ausser denselben hat man neuerdings noch einige Erzte entdekt, als: ein Kupferbergwerk zu **Torgos**, und einen Bleigang mit Silber zu **Gladna**; sowie von der Bannatischen Bergwerksdirektion, deren Chef des zeitigen k. k. Landesadministrationspräsidenten Excell. ist, auch die Bergwerke zu **Rósbanya**, im niederungarischen Komitat Gomor, abhangen. Ich rede blos vom Bannat. Da ich Sie, mein Herr Abt, durch alle diese Bergämter nach der Ordnung durchführen will, so erlauben mir Eu. ꝛc. daß ich den Anfang mit **Oraviza** mache, welches von der Bergstadt dieses Namens so benennet wird.

Man kommt von Temeswar, auf dem kürzesten Wege von zehn Meilen, über die Poststationen, Csebel, Denta, Gudriz, welches eine doppelte Post ist, und Kakowa dahin. Von dem lezten Dorf kommt man nach Petrowiz, wo der Weg über kleine, aus Schiefer bestehende Anhöhen, in ein Thal führet, dessen Boden mit Kalkbroken übersäet ist, und in seiner äussersten Vertiefung, zunächst am Fuße des erzhältigen Gebirgs, ein langes, meist von Walachen bewohntes Dorf hat, worauf die Stadt Oraviza selbst folgt.

Ihre Einwohner sind gröstentheils Deutsche. Sie hat eine mittelmässige Pfarrkirche und einige ganz gute Gebäude, unter andern die Wohnung des Bergwesensdirektors, welche immer einige Mannschaft zur

Wa-

---

(4) Der XIte Brief nachzulesen.

Wache hat, und womit auch die Direktionskanzlei zusammenhängt. Diese ist mit einem hinlänglichen Personale versehen; der Direktor aber stehet den Beamten seines Distrikts sowol, als den übrigen Bergämtern vor. Oraviza hat zween Röstheerde; ebensoviel Probiergaden und Schmelzhütten; mehrere Magazine, wo das gewonnene Kupfer, als Kaufmannsgut aufbehalten wird, nebst den zugehörigen Gebäuden für das Geräthe, Maschinenwerk, Holz, Kohlen u. s. w. Die erzhältigen Berge selbst, die man von der Stadt aus nachundnach ersteiget, sind von der Mittagseite, Wadarn, Cziclowa, Temes; von der Mitternachtseite, Koschowiz, Dilsa und Kornudilsa.

Der Zugang dieser Berge ist leicht, und alle sind mit Eichen, Buchen, Linden, Eschen, Birken, Epheu und dergleichen bewachsen. Ihre unterste Lage besteht aus einer Mischung von Thon, Schörl und Glimmer mit Körnern von Feldspat. Auf dieser Steinart liegt ein Thonschiefer mit Glimmer untermischt, worauf der Kalkstein folgt. Zwischen den beiden leztereu Steinarten, liegen gewöhnlich die metallischen Gänge begraben, deren größte Ausbeute jedoch Kupfer ist.

Als die Türken das Bannat beherrschten, unternahmen sie nichtwenige Arbeiten, aber mit wenigem Nuzen, da sie weder Einsicht noch Erfahrung im Manipulationswesen hatten. Erst unter dem beglükenden österreichischen Zepter, fieng man an den Bergbau regelmässig zu betreiben, und sich damit viel weiter auszubreiten, besonders nach dem J. 1740. da der k. k. Hof die Partikuliers aufzumuntern sich als Gewerken zu interessiren, ihnen nicht allein Mittel und Wege eröfnete, sondern selbst die Kosten mit Antreibung der Erbstollen, und Erbauung der Manipulationsgebäude und Wohnungen für die Bergbeamte, zu tragen übernahm.

Ich will nur in der Kürze die dem Souverain vorbehaltenen Rechte sowol, als die den Gewerkschaften verliehenen Freiheiten erörtern.

Se.

Se. Majeſtát behalten ſich mit der oberſten Bergwerksdirektion, nur einige Bergörter oder Feldungen vor; überlaſſen aber den Gewerken alle übrigen Bergreviere, welche ſie muthen wollen, frei und ungehindert zu bauen. Jedes Feldort wird, wie gewöhnlich zu 132 Theilen oder Kuxen gerechnet, deren zweene für den Souverain, ein dritter zum Nuzen der Gemeinkaſſa oder Brüderlade, und ein vierter für die Kirche, von den Gewerken frei und auf ihre eigene Koſten verbaut werden müſſen; daß ihnen zu eigenem Nuzen von 132, 128 Kuxen übrig bleiben. Ferner entrichtet jede Gewerkſchaft dem Landesfürſten 7 und ein halb Pfund reines Kupfer vom Zentner, unter dem Namen der Urbur.

Auch iſt Sr. Majeſtát das ausſchlieſſende Recht vorbehalten, alle Bergwerksprodukte gegen einen beſtimmten Preis einzulöſen; ſowie z. B. das Kupfer den Zentner zu 32 Gulden.

Von der oberſten Bergwerksdirektion hängt für ſich das Recht ab, die Beamte zu beſtellen, die Privatgewerken bei ihren Antheilen und Fortſezung des angefangenen Baues zu erhalten. Ferner die Tranksteuer, oder das Recht Wein und Bier mit gewiſſen Abgaben zu belegen; aus welchen Einkünften, die man den Tarfund nennet, die königl. Beamten ihre Beſoldungen erhalten, da die gewerkſchaftlichen Beamten von ihren Prinzipalen ſelbſt beſoldet werden müſſen. Doch können auch dieſe ebenſowol als diejenigen, welche von der königl. Direktion abhangen, mittelſt eines geringen Nachlaſſes von ihrer Beſoldung, mehrere Vortheile, in Abſicht auf Wohnung, geringeren Preis der Lebensmittel, Beiſtand des Wundarztes und Arzneien in ihren Krankheiten, genieſſen.

Auſſer dem geſchwinden Abſaz ihrer Erze, wachſen den Gewerken noch folgende Vortheile zu.

Erſtlich, der geringe Lohn der Nationalarbeiter, Walachen und Raizen, denen ihre Arbeit vermög der allerhöchſten Anordnung als Roboth, mit 12 Kreuzer täglich bezalt wird, mögen ſie nun in der Grube, oder am Tag, oder als Hundeſtöſſer angewendet ſeyn.

Für alle Arbeiter, sowol Nationalisten als Deutsche, läßt der Souverain den Gewerkschaften ein gewisses Quantum Korn und Getreide, in einem festgesezten, immer gleichen Preis zukommen, so zwar, daß dieser Preis weit unter dem Mittelmässigen ist, und daher auch die Gratis portion heißt. So ist das Korn, wie es zu Hausbrod verbaken wird, zu 30, Hafer zu 24 und Kukuruz zu 18 kr. der Mezen gesezt. Der deutsche Bergmann erhält, als solche Gratisportion, monatlich 1 Mezen, wenn er unverheirathet ist, und 1 und einen halben Mezen, wenn er Kinder hat; dagegen den Walachen und Raizen ebensoviel an Türkischen Korn, oder Kukuruz zugetheilt wird. Was jeder über dieses festgesezte Quantum braucht, mus er im gewöhnlichen höhern Preise bezalen. z. B. das Korn 45 kr. den Kukuruz 25 kr. den Mezen. Dieser erhöhete Preis kommt zwar dem Aerarium zu gute, welches aber den Gewerken 10 pr. Ct. vergütet, um davon die Vorrathsgebäude und Schüttböden im Bau zu erhalten.

Ebenso ist auch der Preis des Holzes, der Kohlen und des Heues nur sehr mittelmässig. Eine Kubikklafter Holz zu schlagen, kostet im Walde nicht mehr als 24 kr. nur das Fuhrlohn ist nach der mehrern oder mindern Entfernung verschieden.

Das Maas Kohlen, welches 2 und einen halben Sak hält, kostet 18 Kreuzer. Ein Schober Heu, welcher drei Klafter in die Höhe und neun Klafter im Umfang haben mus, wird Mähen und Fuhrlohn einbegriffen, mit 4 fl. bezahlt. Auch haben Bretter, Schindeln und anderes Holzwerk, so aus den Wäldern ausserhalb der Bergbezirke zugeführet wird, gleichfalls ihren sehr mässigen und bestimmten Preis.

Auf die Bergwerke selbst zu kommen, will ich von der Mitternachtseite, und zwar von Roschowiz anfangen. Es sind daselbst noch folgende Gruben belegt, als: Rochus, vier Evangelisten, Erasmus, Jakobus, Petrus und Paullus, Florianus, Neuglükauf, Benediktus, Filippus; die übrigen: Gabriel, Genovefa, Maria Heimsuchung, Maria Theresia, sind wegen Mangel der Ausbeu-

beute aufgelaſſen. (5) Zwo andere Gruben, Ladislaus und der Rieß-
ſtock geben bloſſen Kies, davon der Zentner ſiebzig Pfund Lech, oder
Stein giebt. Dieſes Gebirg wird mit einem Erbſtolln noch tiefer aufge-
ſchloſſen. Er hat zehn Schuh in die Höhe und 327 Klafter in die
Länge; (6) führet für ſich ſelbſt auf die Grube Rochus, und dienet
alle Waſſer der übrigen Gruben abzuleiten, indem er neunzehn Schuh
tiefer als ſie angetrieben iſt.

 Ich habe von den Arbeitern gehört, daß dieſer Erbſtolln der Mo-
narchinn über zwanzigtauſend Gulden koſtet. Seine Mündung iſt gegen
Mittag, und man geht ſeiner ganzen Länge nach über Geſtänge hin,
unter denen das Waſſer am Boden durchgeführet wird. Sowie der Erbſtolln auf den Hauptgang angetrieben iſt, ſo halten ſich die übrigen kleineren Stöllen an das Streichen ſeiner Adern, oder auch anderer ab-
geſonderter Gänge. Wie ich bereits erwähnt habe, ſezen die Gänge
in den Bergen von denen hier die Rede iſt, durch Schiefer und Kalkſtein, ſo zwar daß gewöhnlich der lezte das Hangende und der erſte
das Liegende iſt. Ich ſage gewöhnlich; denn zuweilen macht auch der
Kalkſtein das Liegende und der Schiefer das Hangende, welches nicht anders erklärt werden kann, als daß ihre Beſtandtheile zur Zeit, da ſie
noch flüſſig waren, ſich in einiger Unordnung niederſchlagen mochten.
Ich werde ſogleich von andern Gängen reden, wo der Kalkſtein beides,
Hangendes und Liegendes iſt.

 Die Metalle ſelbſt haben nicht immer einerlei Mutter, bald iſt es
der Kalkſtein, bald reiner, bald Gipsſpat. Je feiner der Spat, deſto
reicher iſt auch der Gang, wie z. B. die Rochusgrube beweiſet.

---

(5) Aus dieſem Verzeichnis ergibt ſich, daß der gröſte Theil der Gruben, welche
 der Herr von Born auf dieſem Gebirg angibt, gegenwärtig aufgelaſſen, und
 dagegen andere belegt ſind, die zur Zeit ſeiner Reiſe noch nicht erhoben waren. Ein gleiches gilt auch von den übrigen Bergrevieren; welches ich, um
 unnüze Wiederholungen zu vermeiden, ein für allemal anmerken will.
(6) Dieſes iſt die wahre Länge, die Hr. von Born viel kürzer annimmt, vermuthlich weil zu ſeiner Zeit die Streke dieſes Stollns noch nicht ſoweit auf-
 gefahren war. Eine Klafter hat ſechs Wiener Schuh.

Auf dem benachbarten Berg **Kornudilfa** sind folgende Gruben: **Gotteswillen, Neu Elias, Samuel, Mercy, Thaddeus, Maria Schnee**, auf welche leztere der k. k. königsegger Erbstolln, von 400. Klafter angetrieben ist, und **H. Dreifaltigkeit**.

In diesen Gruben ist es, wo der Kalkstein beides, das Hangende und Liegende abgiebt. So fand es der Herr von Born, der bei Befahrung der lezteren Grube, den Stein unter den Stahl brachte und mit Scheidewasser untersuchte, von den Bergleuten aber versichert ward, daß das Hangende Kalk, das Liegende Hornstein sey. Zugleich mus ich anmerken, daß die algemeine Regel, welche der Hr. von Delius für das Bannat annimmt, daß nämlich die Gänge unwandelbar zwischen zwei verschiedenen Steinarten durchsezen, (7) sich nicht durchaus bewähret.

Die belegten Gruben auf dem Gebirge **Dilfa** tragen die Namen **Servazius und Ignazius, Karolus, Maria von Loreto, Simeon**. Der Gangstein in diesen Gruben ist sich nicht gleich; in einigen ist es weisser, etwas ins gelbe fallender körniger Gips, in andern Gipsspat, der wenn er gerieben wird im Dunkeln leuchtet. Eine Ausnahme macht die Grube Servazius und Ignazius, wo der Gang thonartig ist, und alle übrige Gänge, die ihm begegnen, durchsezet.

Gegen Mittag, auf den Bergen **Wadarna, Temes** und **Csiclowa**, findet sich fast alles ebenso. Und so will ich, um nicht in unnüze Wiederholungen zu fallen, hier blos die Namen ihrer Stöllen anzeigen.

Auf **Wadarna** waren vor einigen Jahren: **Pauli Bekehrung, Peregrinus und Nepomuzenus, Kajetanus, Elias unter dem Wach-**

---

(7) In den angeführten Briefen des Herrn von Born der VI; die Abhandlung des Herrn von Delius über den Ursprung der Gänge und Klüfte.

Wacholder. Im temeser Gebirge stieg die Zahl der Gruben mit den zugehörigen Stöllen nicht über viere, als: Flucht in Aegipten, Maria bitt für uns, Michael, Neu = Servazius und Ignazius; sie sind aber gegenwärtig meistens alle aufgelassen. Auch auf der Csiklowa sind die Stöllen H. Dreifaltigkeit, Filippi Jakobi, Theresia und Thekla, nicht belegt; blos der Georgi=Erbstolln steht in Arbeit.

Ich habe bereits gesagt, daß alle diese Gruben Kupfer geben. Einige Gänge haben auch Silber beigemischt, doch hält das reicheste Kupfererz von Rochus in dem Koschowizer Gebirge sowenig, daß man nicht auf die Kosten kommt um es zu scheiden; dagegen auf Pauli Bekehrung im wadarner Gebirg, der Zentner Kupfer acht bis zehn Lot Silber gibt. (8) Ebendieselbe Grube hat auch viel Arsenik.

Die Scheidung des Silbers vom Kupfer wird nicht vorgenommen, eh durch die abgeführten Proben sich gezeigt hat, daß es in gehöriger Quantität darin enthalten ist, um Profit zu geben. In diesem Falle wird das Kupfer nach Annaberg, an der österreichisch=steierischen Gränze zur Saigerung geliefert.

Die übrigen Kupferarbeiten, bis dieses Metall zu Kaufmannsgut, oder nach der Bergsprache Garkupfer, gebracht wird, geschehn in den Hütten von Oraviza, wohin die Gewerkschaften ihre Erze bringen lassen. Auch hier werden um die Gewerken sicher zu stellen, vorher die gehörigen Proben über den Gehalt derselben abgeführet, eh sie zur Einschmelzung kommen, und da der Souverain den ganzen Erzkauf, zu 32 Gulden für den Zentner Kupfer, hat, so werden den Gewerken immer 25 Gulden auf den Zentner vorgeschossen, womit sie die Gruben= Schmelz= Fracht und andere Kosten bestreiten.

---

(8) Ein Lot beträgt im Gewicht eine halbe Unze.

Zu einem Schmelzen werden vierzig Zentner Erz, vierundzwanzig Zentner Kieß, sechzehn Karren oder Halbahren = Schlaken, erfordert. Wo die Erze viel Schwefel haben, wird der Kieszuschlag, und wo sie leichtflüssig sind, die Quantität Schlaken vermindert. Die ganze Arbeit ist in zwanzig oder vierundzwanzig Stunden vollendet, und es werden drei bis vier Zentner Kupfer erhalten. Hiezu sind dreißig bis zweiunddreißig Maas Kohlen verbraucht worden, welches in allen 25 Säke beträgt, jeden zu einem Wiener Mezen gerechnet.

Ueber die Kupferschmelzungsart, hab ich am Orte selbst, folgende Kenntnis eingezogen.

Von jedem Zentner Erzt, wie es vom Röstheerde kommt, werden durchs erste Schmelzen fünfzehn bis achtzehn Pfund Lech, oder rohes Kupfer mit beigemischten Zuschlag, erhalten. Beim zweiten Schmelzen gibt ein Zentner Lech, 70 bis 80 Pfund von der dunkeln Farbe, welche es hier noch beibehält, sogenanntes Schwarzkupfer. Das dritte Schmelzen befreiet, mit einem Abgang von ohngefähr zehn Prozent, dieses Kupfer von seinen Unreinigkeiten, und macht es einigermaßen, doch nicht volkommen dehnbar, indem die Kupfererze des ganzen Bergreviers Oraviza, außer andern fremdartigen Beimischungen, eine Menge Eisen und Arsenikteilchen bei sich haben.

Der Hr. von Delius, wie er noch Assessor und Bergmeister war, that sehr gute Vorschläge, das Kupfer gleich bei dem Rösten geschmeidiger zu erzeugen. (10) Ich habe jedoch nicht gesehn, daß man weiteren Gebrauch hievon gemacht hätte, als in soweit die Röstheerde bedekt und mit starken Mauern umgeben worden sind: übrigens beobachtet man keine gehörige Auswahl in der Gattung der angewendeten Kiese, wie es dieser berühmte Mineralog angegeben hatte, so daß

mit

---

(10) Der Aufsaz in welchem der Hr. Hofrath seine Methode auseinandersezet, ist in den angef. bornischen Briefen eingerükt.

mit den schweflichten auch arsenikalische beigemischt würden; es wird auch bei dem Feuergeben mehr nach den gewohnten Handgriffen, als nach guten und richtigen Beobachtungen verfahren. Demohngeacht werden im oraviz̧er Bergrevier jährlich zwischen zwei bis dreitausend Zentner Kupfer erzeugt. Sowol von diesen als von den übrigen Bergrevieren, kommt alles Kupfer, was nicht nach Oesterreich, um Silber davon zu scheiden, geliefert wird, auf das grosse Hammerwerk am Fus des Berges Csiklowa, wo man es mittelst grosser, durchs Wasser getriebener Hämmer, zu Platten, Kesseln, Pfannen und anderen grössern Gefässen verschmiedet.

Unter den Erzarten der genannten Gruben, sowol der noch iz̧t betriebenen als der aufgelassenen, sind zwo Gattungen Stufen die gewöhnlichsten: die eine ist von gelblichter Farbe oder Kupferkies, die andere Kupferfahlerz̧t, öfters mit einer bunten Oberfläche. In der H. Dreifaltigkeitsgrube, auf dem kornudilsa'er Gebirge findet sich auch ein aschgrauer Ocher, der seinen Ursprung zweifelsohne von aufgelösten Kupferkiesen hat. Die Grube, Pauli Bekehrung auf der Wadarna, hat jenes Arsenikkupfer, von dem Cronstedt §. 198. redet; (11) welches aber nicht die weisse Farbe, wie das von Herrengrund in Niederungarn, hingegen mehr Arsenik und mehr Silber bei sich hat. Herr von Born, der alle diese Erzarten zu Oraviz̧a gesamlet hat, sez̧t hinzu, daß in der Grube, zu welcher der Antonistolln führet, zuweilen prächtige Malachiten einbrechen. Ich habe in die bannatische Samlung, welche ich für die Universität zu Pavia gemacht, dergleichen niedergelegt, nicht sowol von der genannten Grube, sondern auch von Rochus auf dem koschowiz̧er Gebirge; von daher ich auch schönes Glaskupfer hatte.

Der

(11)) Forsok til Mineralogie aller Mineral Rikets u. s. w. Stokholm. 1758.

Der Herr von Born gedenket noch eines andern Kupferochers, der von Farbe roth und gröstentheils pulverisirt ist, und beim Berühren die Finger färbet. Cronstedt und andere Mineralogen thun von dieser Art keine Erwähnung; sowenig als von einer andern, die in grossen Stüken anbricht, an Röthe dem Zinober gleichkommt und im Mittelpunkt reines Kupfer hat. Da diese Stufen den Ziegelsteinen ziemlich ähnlich sehn, so werden sie von den deutschen Bergarbeitern Ziegelerz genennet. Noch findet man in diesen Gruben verschiedne theils Quarz, theils spathartige Kristallen, statt aber solche hier weitläuftiger anzuführen, bereite ich mich Eu. im folgenden Brief über die Erzarten des Dognaska'er Bergreviers zu unterhalten, und habe indes die Ehre rc.

Siebenter Brief
an ebendenselben Herrn Abt.

Reise von Oraviza nach Dognaska. Lage dieser Bergstadt. Erzhältige Gebirge, die in ihrem Reviere liegen; Namen und Eigenschaften der darinn befindlichen Gruben. Umständlichere Beschreibung der berühmten Simon und Judägrube. Jährliche Erzerzeugnis. Verschiedene Seltenheiten von Bergarten, die hier angetroffen werden. Reise nach Pogschan und den Eisenhämmern zu Reschiza: Arbeiten, welche man da verfertigt; Stahl welchen das dasige Eisen giebt. Paß über den hohen Berg Surlok, um über Lugos nach Temeswar zurükzukehren.

Man hat zwo lange Poststationen zu reisen, bis man von Oraviza nach Dognaska kommt. Die erste zieht sich durch ein mit Hügeln und kleinen Bergen umgebenes Thal über die beiden walachischen Dörfer **Ragitawa** und **Klein-Dikran** hin, deren Lage sich nicht reizender denken läßt. Es sind hier sehr schöne und zahlreiche Zwetschkenpflanzungen, edle Weingärten, in Wäldern und Wiesen die besten Kräuter, die den zahlreichen Heerden von Schaafen, Rindvieh und Pferden überflüssige Weide geben. Von **Sekasch**, der zweyten Poststation, ist auf der ganzen Strasse bis Dognaska, kein Dorf mehr.

Eh man den Ort erreicht, gewinnet die Landschaft ein ganz anderes Ansehn. Sie wird hier im eigentlichsten Verstande gebirgigt; man geht immer am Fusse des Berges oder über seine Erhebungen, auf sehr beschwerlichem Wege fort, der überall mit glimmerichtem Thonschiefer übersäet ist und auf Granit liegt; dabei hat man von beiden Seiten Waldung von Eichen und anderen hochstämmigen Holze, und der Boden selbst wird öfters von Bächen durchschnitten, besonders dem **Karasch**flusse, dessen Lauf in diesen Gegenden sehr ungestüm ist. Die Brücken über welche man diese Wässer passirt, sind von Holz und sehr schlecht zusammengefüget. Es war gleich damals häufiger Regen gefallen, der diese Bäche sehr aufgeschwellet hatte; daher ich eine Menge Zigeunerinnen beschäftigt fand, Goldkörner aus ihrem angespülten Sande aufzulesen. Ein dunkelgelbes Wasser, welches ich ich von einem hohen Felsen herabfallen sah, hatte zunächst auf dem Boden über den es ablief, grosse Massen Ocher niedergesezt.

Izt war ich schon im **Dognaskaer** Bergreviere, nicht weit mehr von der Bergstadt selbst, die an sich so unbedeutend ist, daß ich nur durch die aufgestürzten Schlacken welche mir am Eingang aufstiessen, an ihr Daseyn erinnert werden konnte. Da sie aber, gleich andern Bergörtern Stadtrechte geniesset; so vergißt auch sie nicht sich des Namens zu bedienen. Sie wird von Deutschen und Walachen bewohnt, die größtentheils beim Bergwesen, in der Grube sowol als bei den Staggebäuden, angewendet sind. Es wohnt hier ein Bergmeister, mit mehreren Beamten. Mitten durch den Ort fliesset ein Wasser, von welchem ein Arm in einen engen Kanal eingeleitet ist, den man angelegt

legt hat, um das zum Manipulationswesen nöthige Maschinenwerk zu treiben. Die Manipulation selbst ist mit der zu Oraviza einerlei.

Das erzhaltige Gebirge liegt gegen Morgen, und erhebt sich unmittelbar hinter Dognaska. Es liefert Kupfer, Blei und Eisen; doch haben die beiden ersteren auch Silber beigemischt, in mehrerer oder minderer Quantität zwar, und auch nicht auf allen Klüften. Die Gebirgsart ist überhaupt thonigt und hat Granit zur Grundlage, über sich aber Schichten, Sand und Kalk.

Die Gebirge werden das Moravizer, Johanner, Wolfganger, Dilfaer und Reschizer benennet. Das lezte ist ein blosser Anhang vom moravizer, welches Dognaska zunächst liegt, und wo man alle drei genannten Erzarten, einzeln sowol als nebeneinander antrift, da nicht selten die Gänge zusammenscharen. Seine Gruben tragen folgende Namen: Simon Judä, Joh. Baptista, Franziskus, Paulus, Barbara, Klemens, Benediktus, Isidorus; ausser einigen neuerdings eröfneten Hofnungsschlägen, als Da nobis, H. Dreifaltigkeit, Rogamus, Egidius, Antonius, Salomon. Einige dieser Gruben, als Barbara, Klemens, Benediktus, Isidorus, sind aufgelassen; auf einigen nimmt der Seegen immer mehr und mehr ab, so wie er auf einigen desto reicher ist. Die berühmte Simon und Judägrube verdient, wegen ihrer Merkwürdigkeiten eine besondere Beschreibung.

Ich besuchte diese Grube im April 1775. und der Bergmeister dieser Revier hatte die Güte mich zu begleiten. Wir hatten sehr trübes, neblichtes Wetter, da den Tag vorher häufiger Regen gefallen war, dadurch sich die Strasse, von Dognaska anzufangen, überall verwüstet und unter Wasser gesezt fand. Wirklich hatte sich der kleine Fluß, der vom nächsten Berge herab an der Strasse fortläuft, so sehr über seine Ufer ergossen, daß wir wol zwanzigmal aussteigen und von Stein zu Stein schreiten mußten — eine genug gefährliche Art zu reisen, wenn nicht die Hussaren und übrigen Leute, die wir zu unse-

rer

ter Bedekung hatten, bei jedem Schritte zu unserer Hilfe bereit gestanden wären. Mitten unter den Gefahren, mußt' ich jedoch eine Anhöhe bemerken, von welcher dieser Fluß sich mit Heftigkeit in die Tiefe stürzet, und so den Wasserfall macht, wodurch vorzüglich das Gebläse bey der Schmelzhütte zu Dognaska in Bewegung gesezt wird. Die Kunst ist hier der Natur zu Hilfe gekommen; denn da der Fluß sich in der Höhe sosehr ausbreitet, daß er eine Art von Teich macht, so hat man seine Wasser zunächst an der Mündung mittelst starker Dämme zusammengedrängt, um ihren Fall stärker und heftiger zu machen.

Nach diesem Wasserfalle erhebet sich der Boden, und wir stiegen von Hügel zu Hügel fort. Sie sind von wilden Acacien (Acacia spinosa) in Menge bedekt, die hier als niedriges Gebüsch wachsen, und wodurch die Gegend, da sie eben damals in der Blüthe standen, sich dem Auge wie mit Schnee bedekt darstellte. Noch sah ich grosse Stauden Sauerdorn (berberis); auch sproßte das Tollkraut (Atropa, Solanum furiosum) sehr häufig auf. Es ist bekannt, welche giftige Wirkungen diese Pflanze hat, deren Frucht durch die Aehnlichkeit, welche sie mit der Bärentraube (raccinium, uva spina) hat, den Gaumen der Unwissenden nur allzusehr reizet.

Es mochte ohngefähr die halbe Höhe des Gebirges seyn, wo wir endlich ein Taggebäude erreichten, durch welches man in den Erbstollen kömmt, der auf die Simon und Judägrube führet. Es ist hier eine Roßkunst, durch welche die mit dem Hunde vorgelaufenen Erze gepochet werden.

Der Erbstollen ist in gerader Linie 220 Klafter in den Berg getrieben, bis er sich in zween Aeste theilet. Wir nahmen unsern Weg rechts, wo ich nach einem Durchschlage, den wir vorüberkamen, und aufgehäuften Erzen, darüber wir fortstiegen, mich nicht ohne äusserste Verwunderung aus dem engen Stollen plözlich in ein weites ovales Gewölbe versezt sah, dessen Höhe, wie man mich versicherte, von der Sohle worauf ich stand, bis an den Fürst 19 Klafter, oder

114 wiener Schuh, der Umfang aber 60 Klafter hat. Welches Schauspiel! Es war mir um so überraschender, da mein verbindlicher Begleiter vorher die Anstalt getroffen hatte, daß das ganze Innere der Grube d. h. die Seitenwände dieses bewunderungswürdigen Gewölbes, durch die Grubenlichter der Arbeiter beleuchtet waren. Ein Himmel glänzender Sterne, aus der dikften, finstersten Nacht durch, schien dies. In der That, ich weis nicht besser die Wirkung auszudrüken, die dieser sonderbare Anblick, der in seiner Art einzig ist, das erstemal aufs Auge macht. Hiebei wird das Ohr durch die dumpfe Stimme der Arbeiter, durch den Laut, welchen Schlegel und Eisen geben, und den Knall des Pulvers, wenn das Gestein gesprengt wird, nichtweniger in Bewegung gesezt; denn das lezte wird nicht vergessen, wenn ein Fremder aus der Grube geht, mag es nun seyn ihm Ehre damit zu erweisen, oder ihm Schrecken zu machen. Zu all diesem Lärm noch das Geräusche hinzugesezt, mit dem die losgerissenen Steine abrollen, läßt sich der Wiederhall denken, von dem die Grube jeden Augenblick ertönet.

Dieses ganze Gebäude wird von den dortigen Arbeitern ein Stokwerk genennet, mit welchem Worte man sonst in der Bergsprache einen ganz andern Begrif verbindet. Bewunderungswürdig wie sein Anblick immer ist, muß er es ehedem noch weit mehr gewesen seyn, da man durch einen viel tieferen Stollen als derjenige durch den man gegenwärtig einfährt, in das Tiefeste kommen, und daraus eine Höhe von 40 Klafter, oder 240 Schuh, überschauen konnte.

Ich fühle nur zu sehr, daß alles was ich bisher gesagt habe, und noch sagen könnte, in vielem unverständlich bleiben würde, wenn ich Eu. nicht auf die Karten verweisen dürfte, welche der Herr von Born davon gegeben hat. (1) Profil und Plan dieser Grube, nebst den übrigen zur Seite und unter derselben liegenden Gruben, sind darauf richtig bezeichnet.

Es

---

(1) Briefe über mineralogische Gegenstände. 1te und 2te Kupfertafel.

Es war bald nach der Wiedereroberung des Bannats, daß man dieses Gebirge nach den deutlichsten Anzeichen seiner Haltigkeit, zuerst angrif, aber auch bald den Bau wiederauflies, da die Gewerken mit den Kosten nicht aufkommen konnten. Eine neue Gewerkschaft, die sich im J. 1740. vereinigte, trieb mit grösserem Eifer den aufgeschlagenen Stollen durch das taube Gestein fort, in der Hofnung auf eine Silberkluft zu kommen. Auch diese sah sich in ihrer Erwartung getäuscht, daher nicht wenige Gewerken abtraten, und nur die unternehmendesten, die den Bau fortsezten, waren so glücklich eine reiche Kupferkluft zu entblössen, die gleichdamals Simon und Juda benennet wurde. Izt sezte die Gewerkschaft, um sich für die vormaligen Zubussen zu entschädigen, und die Ausbeute recht hoch zu bringen, eine Prämie für den Bergmeister und die Hüttenbeamten aus, so daß von jedem Zentner gewonnenes Kupfer, der erste fünf, die andern aber drei Groschen erhielten. Und so war man beiderseits mehr auf den Gewinn, als auf einen regelmässigen Bau bedacht. Die reichen Ausbeuten lokten noch mehrere Gewerkschaften an, denen die nebenher und unter der Grube liegenden Feldmaasen verliehen wurden. Man fieng von allen Seiten, durch den ganzen Umfang des Berges, neue Arbeiten an; und wie sie alle gegen den Mittelpunkt, wo das Zusammenscharen der Gänge schon bekannt war, zugetrieben wurden, so wuchs in kurzer Zeit die Zahl der Stöllen bis auf sechzehn an; das innere Gewölbe der Grube vergrösserte sich immer mehr, und man kam mit Durchschlägen und anderen Arbeiten soweit, daß sieben verschiedene Gänge izt unter sich Zusammenhang haben. Es sind dieses Barbara, Franziskus, Benediktus und Klemens, welche wie Simon und Juda Kupfer, die beiden übrigen, Johann Baptista und Paulus der erste Eisen, der andere Blei mit Silber, geben.

Bei der gesagten, beträchtlichen Weitung, zu der die Grube gediehen war, mußte man endlich den völligen Einsturz des Berges fürchten, wenn der bisherige unordentliche Bau länger wäre fortgeführet worden. Es wurde daher des Grafen Stampfer Exc. vom Hofe zur Untersuchungskommission abgeschikt, welcher mit Zuziehung des Hrn.

v. Delius damaligen Bergmeisters die dienlichsten Mittel zu treffen wußte. Die nöthigen Durchfahrten wurden mit starker Zimmerarbeit versehen, der untere Theil der Grube aber von der Teufe bis zur neunten Ebensohle herauf, eine Höhe von 21 Klafter, oder 126 Schuh, mit taubem Berg versetzt. Diese neue Grundlage erhebet sich in der Mitte, wo zugleich die Mündung des Schachtes angebracht ist, der in einer Diagonallinie auf die Franziskikluft führet. Man kann aus dem Stokwerke einen andern Weg, als man gekommen ist, über die Johannbaptista und Paulusgruben nehmen; auch sind noch die beiden Kunstschächte zu bemerken, davon der eine einen Luftzug hat, durch den andern aber die Wasser aus den unteren Gruben gehoben werden. Ersterer endigt sich in dem Gipfel des Berges; der andere giesset seine Wasser über der neunten Ebensohle in den Erbstollen aus, durch dessen Rinne sie ablaufen.

Ist von dem, was Menschenhände Gutes und Schlechtes an der Simon und Judagrube geleistet haben, auch auf das Natürliche derselben. Die Gebirgsart, von welcher sie umgeben wird, ist Saxum metalliferum, d. h. eine Mischung von Thon, Schörl und Glimmer, wo aber etwas Kalktheilchen beigemischt sind. So hat man solche bei dem auf der neunten Sohle angetriebenen Erbstollen gefunden; das Stokwerk selbst, oder wenn man richtiger sagen will, die zusammenscharenden Klüfte haben von eben dieser Sohle an in die Höhe, oder zum Hangenden Kalk und zum Liegenden Schiefer, und sitzt auf Gneis auf.

Gegenwärtig hat der Reichthum dieser Grube sehr abgenommen, und vielleicht ist die Zeit nicht sehr entfernt, daß sie ganz erschöpft seyn wird; denn die von allen Seiten streichenden Kreuzklüfte schneiden sie durch ihre Gegenverflächung ab, und hindern weitere Arbeiten. Zwar hat man es auf diesen Kreuzklüften mit verschiedenen Hofnungsschlägen versucht, die aber wenig versprechen. Doch bringt die Gewerkschaft noch monatlich gegen 150 Zentner Kupfer aus.

Das

Das Erz liegt hier in so dichter Masse beisammen, daß man nur wenig taube Gangart dazwischen wahrnimmt; aus welcher Ursache man viele Durchfahrten abgesenkt hat, durch welche man von der neunten zu den höhern Sohlen auffährt. Spathartiger Kalkstein, Kalkspath und Achat, mit rothen und schwarzen Flecken, ist die gewöhnliche Gangart, die öfters mit schwarzgelben Granaten untermengt wird. Man findet viele Malachiten; Mulm mit Bergblau untermengt, davon der Zentner zu dreißig bis vierzig Pfund Kupfer hält; noch einen andern eisenschüssigen Mulm, der durch Verwitterung entstehen konnte, da die Grube hin und wieder Eisenklüfte hat. Ich selbst habe davon eine Kraupe von kristallinischen, dunkelgelben, etwas ins Schwarze fallenden Eisengranaten, in Kalkspath erhalten. Granati martialis cryſtalliſatus dodecaedrus obscuro-flavus & nigrescens.

Besonders merkwürdig ist das sogenannte Ziegelerz, ein rother Kupfermulm, mit einer Rinde von Berggrün umkleidet, deren Entstehung man wol von der Auflösung des rothen Kupfermulms durch eine Säure, herleiten muß.

Graues, kristallisirtes Kupferglas. Die Kristallen sind theils polyedrisch, theils zehnflächigt.

Buntes Kupferglas, davon der Zentner sechzig bis siebenzig Pfund giebt. Er ist nicht allein von aussen glänzend, sondern behält auch auf dem Bruche die violette, blaue und rothe Farbe bei. Ich habe ihn in der an die kön. Universität zu Pavia übergeschikten Sammlung, unter dem Titel: Cuprum vitratum, violaceum & caeruleum aut rubrum, bemerkt.

Die Kristallen, mit denen man diese Stufen übersäet sieht, sind lange Prismen, und zwar von beiden Seiten abgestumpft. Ich habe von meinem Begleiter ein solches Stück Kristall von beträchtlicher Grösse erhalten, welches ich: Cryſtallus ſpatoſa acaulis, cryſtallis pyramidalibus trinquetris, bezeichnen will. Dergleichen Kristallen sind un-

durch-

durchsichtig, obschon ihre Oberfläche glatt und glänzend ist. Sie haben über drei Zoll in der Höhe, und zwei Zoll Breite an der Grundfläche; wobei noch das Merkwürdigste ist, daß an dem Spath auf welchem sie aufsizen, sich noch andre, kleinere Kristallen finden, von achtzehn Flächen, sehr durchsichtig, weiß und wenig hervorragend. Ich würde allzuweitläuftig werden, wenn ich Ihnen, mein Herr Abt, alle die schönen und sonderbaren Kristallisationen und merkwürdigen Sinter beschreiben wolte, die man in dieser Grube findet.

Auch will ich, da in den übrigen anhängenden Kupfergruben ebendieselben Erze, nur mehr oder minder reichhaltig als auf Simon und Judä einbrechen, mich blos auf die beiden einschränken, deren eine Eisen, die andere Blei mit Silber, zum vorzüglichsten Gehalte hat.

Auf der lezten, die, wie ich bereits angemerkt habe, Paulusgrube heißt, steht ein reicher Bleigang in Arbeit, der in hundert Klafter Entfernung von Simon und Juda streichet. Das Bleierz, aus welchem der Gang besteht, ist in Granaten, und hat zum Hangenden Kalkstein, zum Liegenden aber Hornschiefer. Es führet Silber bei sich, welches mit Nuzen davon geschieden wird. Noch finden sich auf dieser Grube, unter andern natürlichen Merkwürdigkeiten, grosse Stüken unförmiger Granatstein von gelber und schwarzer Farbe, den jedoch die Arbeiter Hornstein zu nennen pflegen; und ferner gelbe kristallisirte Granaten, zuweilen in der Grösse eines Taubeneies, gewöhnlich aber ganz klein.

Die Johann Baptista Eisengrube ist in fast gleicher Entfernung von Simon und Juda; nur mit dem Unterschiede, daß hier der Gang ein ganz entgegengeseztes Streichen als der von der Paulusbleigrube hat.

Sonst kömmt hier die Gangart, dadurch daß man das Eisen darin absezend und nesterweise wahrnimmt, viel mit einigen Eisenärzer Gruben in Steyermark überein, nach den Beschreibungen, welche
der

der Herr A. Poda (2), und nach ihm der Herr Professor Schreber (3) zu Leipzig, davon gegeben hat. Auch hier wie dort findet sich der kalkartige Rindenstein. Zwar sieht man hier nicht jenen weissen, die Korallenzinken nachahmenden Tropfstein aus Kalkspat, der insgemein unter dem Namen der Eisenblüthe (flos ferri) bekannt ist; dagegen finden sich Blutsteine verhärteter dunkler Ocher; und eine Gattung Eisenglimmer, die ich: mica martialis drusica, squamis concentratis, bezeichnen will.

Auf Johann Baptista im Morabizer Gebirge ist eine Steinlage zu bemerken, wo durch den Kalkstein weisser Alabaster sezet, in welchem sichtlich kleine Kupferadern vorhanden sind. Herr von Born hat diese Erscheinung vor mir schon beobachtet.

Von den übrigen auf dem Berge Moraviza befindlichen Gruben, die mit den vorerwähnten nicht zusammenhängen, hab' ich keine besucht, als die seit langer Zeit, wegen Mangel des Segens aufgelassene Isidorusgrube. Ich versicherte mich hier von einer andern Beobachtung, die der nurgerühmte Mineralog auf eben dieser Grube machte: daß sie nämlich gegen morgen am Tage auf eine beträchtliche Strecke mit braungelbem Asbest überdekt ist, in welchem Eisenglimmer und schwarze Eisengranaten liegen; so wie seinerseits der Asbest sich in der Kupferkluft fortschlängelt. Ich habe ein Stück von dieser seltenen Bergart unter der Benennung: Asbestus fibris durioribus parallelis, cum granato martiali, in die Sammlung der königl. Universität gegeben.

Und nun, mein Herr Abt, komm' ich auch auf die übrigen Gruben, die in den oberwähnten erzhältigen Gebirgen dieses Bergreviers in Betriebe sind. Ich werde mich dabei mehrerer Kürze befleissen.

Auf

---

(2) Sie findet sich unter den Zusäzen der von dem Herrn A. Biwald zu Gräz 1766. veranstalteten Ausgabe der linnéschen Amoenitt. Acad. T. II. und III.
(3) Schauplaz der Künste und Handwerke. II. Theil.

Zweiter Theil.

Auf dem **Johannergebirge** ist ein silberhältiger Bleigang, der einzige im Bannat, der sein ordentliches Streichen und Fallen auf eine beträchtliche Strecke beibehält. Vor dem J. 1740. wurde viel Silber hier gewonnen; daher man den Gang zu gewältigen, von Abend gegen Morgen einen Stollen angetrieben, und damit von Mittag gegen Mitternacht ausgelenkt hat, der eine Länge von 1500 Klafter beträgt. In der Folge sind noch mehrere Stollen eröfnet worden. Die vornehmsten nennen sich: **Maria Christina, Georgius, Susanna, Nepomuzenus, Barbara, Samuel Merzy, Theodor, Antonius** und **Herberstein**, welches der Erbstollen ist. Einige derselben, ob es schon keine alten Gebäude waren, sind völlig unnütz geworden, und man eröfnet dagegen andere, als: **Antonius von Padua, Martinus, Neu Petrus und Paulus, Regina, Joh. Evangelist, Selena, Elisabeth, Königinn Josepha**. Die Gänge halten Silber mit einem mässigen Antheil Kupfers.

Die Ursache, warum die Stollen theils unbrauchbar geworden sind, ist das bei Regenszeit von den benachbarten höchsten Schiefer und Kalklagen heftig zudringende Tagwasser, welches sie austränkte und unzugänglich machte. Man hat seit 1770. auf **Maria Christina**, mittelst einer daselbst erbauten Roßkunst die Wasser auszuleeren gesucht; der Erfolg aber hat der Hofnung nicht entsprochen.

Die Gebirgsart, welche der Gang unmittelbar umgiebt, ist von ganz verschiedener Natur, so zwar daß der Kalkstein das Hangende, der Thonschiefer und Hornstein aber das Liegende ausmacht. So versichern es die Bergleute, und so kann man es auch in dem obern Theile des Berges beobachten: ob aber in der Teufe, wie der Herr von **Born** vermuthet, (4) Gneis, oder das mit Schörl gemischte thonartige Gestein (Saxum metalliferum) anzutreffen sey, davon habe ich mich durch die Erfahrung nicht überzeugen können.

Im

---

(4) Im angef. Werke IXter Brief.

Im **Wolfganger** Gebirge sind die Gänge gleichfals blei- und kupferhältig. Es sind hier die Gruben, **Maria Victoria**, **Christoph**, **Traugott**, **Pankrazius**, **Neuglükauf** und **Erasmus**, deren erstere, **Maria Victoria**, die beträchtlichste ist. Der Kupfergang besteht aus Glimmer mit Talk gemischt, wo die Metalltheilchen häufig zwischen inne sizen, und liegt auf Graustein, oder des Herrn von Born Saxum metalliferum, den die Bergleute sehr unrichtig Sandstein nennen.

Die Gruben des **Dilfaer** Gebirges geben Kupfer, und nennen sich: **Rochus**, **Theresia**, **Fabianus** und **Sebastianus**. Auf der leztern bricht das Erz nesterweise, d. h. in Klumpen, die sich im Innersten des Ganges angesezt haben. Man könnte verführet werden, sie für ein Produkt des Feuers zu halten, wenn nicht die rothen Kristallen und das Kupferglas, womit diese Nester von allen Seiten umgeben sind, es bewiesen, daß eine andere Ursache sie in den gegenwärtigen Zustand muß gebracht haben. Man hat im Jahr 1764 auf diesem Gange einige Erze ausgebracht, die sehr reich an gediegenem Golde waren, dessen ganzer Betrag, nach der Manipulation, auf 1 1/2 Pfund berechnet worden ist. Es gehörte einer bei dieser Zeche interessirten Gewerkschaft zu Wien, der es Hr. **Weginger**, damaliger Bergmeister zu Oraviza und gegenwärtig Referendarius bei der Stelle zu Temeswar, bei Gelegenheit einer Reise in diese Hauptstadt, selbst überbrachte.

Von der ganzen Ausbreitung des moravizer Gebirges gegen Reschiza zu, könnte man wie von der italienischen Insel **Elba**, an den toskanischen Küsten, sagen, daß sie eisern ist. Das Erz liegt in Haufen und Klumpen; daher es mit leichter Mühe und in Menge zu Tage ausgebracht wird. Es sind damit eine gute Anzahl Arbeiter bei dem Hochofen zu Reschiza beschäftigt, der in der Nähe von Pogscau liegt, und von dem ich gleich mehr sagen will. Vorerst muß ich nur anmerken, daß die obersten Eisenlagen, die am meisten der Berührung der Luft ausgesezt sind, auch die magnetische Kraft haben,

ben, die bekanntlich alles Eisen nach und nach annimmt, wenn es in hohen Lagen, auf Thürmen und hohen Gebäuden z. B. den unaufhörlichen Abwechslungen dieses Elements mit unterworfen ist. Dieser Eisenberg wird von den Walachen Minera mare, oder die grosse Grube benennet.

Und dieses wären denn die Beobachtungen, die ich über den Dognaskaer Bergbezirk, und seine Gruben, einsammeln konnte.

Was ihren jährlichen Ertrag betrift, kann ich nur vom Kupfer und Eisen reden. Vom ersten werden zwischen drei bis viertausend Zentner gewonnen, d. h. Garkupfer wie es schon Kaufmannsgut ist, welches an sich geschmeidiger als das von Oraviza ist, und daher auch mit weniger Mühe und Kösten aufgeschmelzet wird. Es wird von hier nach Cziklova bei Oraviza geliefert, wo es die lezte Arbeit unter dem Hammer erhält.

Das Eisen wird nach der ersten Arbeit von den Bergen, wo es gefördert worden ist, nach dem Hochofen zu Reschiza gebracht, den ich auch besuchte, und meinen Weg über Bignis und Pogscan nahm. Den Fluß zu befördern sezt man hier Kalkstein zu, welcher verhindert daß sich der Schwefel nicht alsobald von den Erzen losmacht. Die Hochöfen selbst sind aus Gestellstein aufgebaut, und inwendig mit feuerfestem Thon verkleidet. Das Eisen von der ersten Schmelzung, welches man Flossen nennet, wird, um es in Stahl zu verwandeln, unter dem Hammer in Stangen geschmiedet, und dann auf einen besondern Heerd gebracht, dessen Feueresse niedrig und so gebaut ist, daß das Feuer möglichst konzentrirt werden kann. Die ganze Kunst des Stahlmachens besteht im Feuergeben, in Vorrichtung des Gebläses, in der Vorsicht, mit der man den glühenden Eisenstäben zu rechter Zeit Schlaken zugiebt, sie aus dem Feuer nimmt, und in das Feuer giebt, in wiederholter, fleissiger Hammerarbeit, und endlich im Abkühlen im Wassertroge, in welchen man ebenfalls Schlaken zu legen pflegt. Ich habe diese ganze, und auch die noch viel beschwerlichere Operation gesehn,

wo-

wodurch das Eisen nach der ersten Schmelzung unter dem Hammer dehnbar, und zu mancherlei Gebrauch zu verarbeiten geschikt gemacht wird. Ich habe hier Stükkugeln und Bomben von verschiedenem Kaliber, Granaten, Haubizen, Stubenöfen, Kesseln, Beile und andere Geräthschaften verfertigen sehn.

Und nun reisete ich über lauter Berge, von denen der Slama und Surluk die höchsten sind, nach Lugos, und von daher nach Temeswar zurük. Da ich es auf gelegenere Zeit verschieben muß, die übrigen bannatischen Bergreviere, Moldova und Saska zu besuchen; so behalt' ich mir vor, Eu. ꝛc. auch von dieser zweiten Reise Rechenschaft zu geben. Bis dahin habe ꝛc.

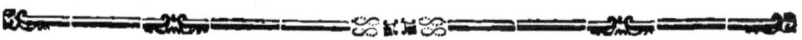

Achter Brief
an ebendenselben Herrn Abt.

Reise auf der Donau nach Moldova. Lage der Stadt und ihres Bezirks bis Bosniak, oder Neu-Moldova, hinter welchem Orte die erzhältigen Berge dieser Revier liegen. Ueberbleibsel des alten römischen Bergbaues. Namen der Berge und belegten Gruben; jährliche Kupfererzeugniß; schöne und merkwürdige Bergarten, welche hier einbrechen. Bleierze.

Mit einem guten Theile der unterirdischen Reichthümer des Bannats habe ich Eu ꝛc. bereits bekannt gemacht; aber ich habe noch ein weites Feld vor mir liegen, und in diesem Felde viel merkwürdiges zu beschreiben. Glücklich das Land, wo bei einem hinlänglichen

Populationsſtande die Induſtrie in Bewegung iſt, und man auf der Oberfläche ſowol als in den tiefen Klüften der Erde der immer reichen, überall freigebigen Natur den vollen Segen mit bereitwilliger, arbeitſamer Hand abnimmt. Und was man auch ſagen mag, ſo iſt es doch immer aus dem unterirdiſchen Reiche, woher der geſellſchaftliche, aus dem rohen Stande der Natur herausgegangene Menſch, ſeine weſentlichſten Güter erhält. Die Metallurgie iſt es, die dem Akerbaue und den Künſten des Bedürfniſſes ſowol als des Luxus ihre Werkzeuge, dem Stande, der das Vaterland vertheidigt, Waffen, der Handlung aber durch Gold und Silber — dieſe beiden koſtbaren Materialien, die ſo geſchikt und ihrer Natur nach ſo würdig ſind den Werth der Dinge zu beſtimmen, ein algemeines Tauſchmittel giebt, welches von Pole zu Pole eine Gemeinſchaft unter den zahlreichen Menſchenfamilien noch erhalten konnte.

Doch, ich wollte dem Bergbaue, keine Lobrede halten. Ich mache alſo, was ich noch nachzuholen habe, den Anfang mit dem moldovaer Bergreviere.

Ich ſchifte mich in der ſklavoniſchen Stadt Semlin, welche zum Komitat Sirmien gehört und Belgrad gegenüber liegt, auf der Donau ein, und in anderthalb Tagen war ich zu Moldova. Die Stadt liegt am Ufer des Fluſſes, vor einer Inſel gleiches Namens, hinter welcher etwas weiter hin, das zu Servien gehörige Neu-Kolumbacz gelegen iſt. Moldova ſelbſt wird von der Kliſſura umgeben, welcher Theil des Bannats dem Ujzalankáer Militardiſtrikt unterliegt. Es war ehmals eine berühmte und ſtarke Feſtung; gegenwärtig iſt es nichts mehr als ein Haufe armſeliger, ſchlechtgebauter Häuſer, deren Einwohner faſt alle raiziſcher Abkunft ſind. Das nur eine halbe Stunde Weges entfernte Boſniak, oder Neu-Moldova, iſt mit Walachen und Deutſchen bevölkert. Und dieſes iſt eigentlich die Bergſtadt, in welcher gegenwärtig zwo Schmelzhütten ſich befinden, und wo auch in nur geringer Entfernung das erzhältige Gebirg ſich zu erheben anfängt. Daher ſieht man auch ſchon den Boden der Gegend, der ſonſt thonartig

tig ist, mit Stüken Kalkschiefer und Gneis übersäet, die aus den Bergen herabgekommen sind.

Zu mehrerer Deutlichkeit will ich die Berge wo man Spuren alter Arbeiten findet, von denjenigen unterscheiden, wo erst seit dem J. 1740. der Bergbau betrieben wird.

Die erstern erstreken sich von Abend gegen Morgen, längs den Donauufern hin, und heissen das *besediner* und *wadarner* Gebirg. Die übriggebliebenen alten Arbeiten werden für den aufmerksamen Beobachter allezeit ein Gegenstand der Verwunderung bleiben. Man schreibt solche den Römern zu; welches zu glauben ich wenig Anstand finde, da man mehrmals in der Nähe derselben alte römische Grabmäler und Inschriften ausgegraben hat, (1) welche die Unwissenheit der rohen Landeseinwohner vernachlässigt, und sie zu Grunde gehen ließ. Solche Inschriften, nebst den Spuren grosser, hier betriebener Bergarbeiten, zeigen es deutlich, daß hier der Siz der in *Dacia ripensi* bei den Geschichtschreibern bekannten lateinischen Kolonie, Centum putea, gewesen seyn muß.

Alle

---

(1) Nur izt, da ich dieses schreibe, hat man folgenden Grabstein gefunden, der zwar etwas beschädigt und verstümmelt ist.

```
·ι ιι ·VX ıı ı ι ιι
  O ı  ıı   ııı
ı ı KIA INGENVA  ıı  
 . . . . . . XIT ANNIS . . XX ıı
    IVLIVS. FLAVIANVS
    COIVGI MOESTI . . . . H
         M.  P
```

Alle diese alten Arbeiten sieht man durch das festeste Gestein getrieben. Felsen, welche man gegenwärtig nur mit Schießpulver sprenget, sind mit Schlägel und Eisen gewältiget, und die Wände an einigen Orten so glatt, als immer der geduldige Fleiß des Steinmezen sie hätte bearbeiten mögen. Die Mündungen der Schächte findet man alle aus ganzem Stein gehauen, und von elliptischer Figur, welches ich nicht vergessen darf.

Es war natürlich, daß in neuern Zeiten das Augenmerk der Bergbeamten sich auf diese Spuren des Alterthums heftete. Wirklich sind auf Kosten des Aerariums einige tausend Gulden auf den sogenannten Franzisci und Theresiastollen verwendet worden; aber die Härte des Gesteins und hundert andere Schwierigkeiten, die sich unter der Arbeit hervorthaten, machten daß man sie wieder auflies. Man grif dagegen das nächste Gebirg von Mittag gegen Mitternacht an, wo edle und reiche Klüfte, besonders Kupfer, erschürft worden sind.

Ueber das Streichen dieser Gänge, die Gebirgsart in welcher sie liegen, und den innern Bau dieser Berge überhaupt, hat der Hr. v. Delius Beobachtungen geliefert, die ich mit seinen eigenen Worten anführen will. „Ein sehr dikes, breites und ziemlich hohes Ge-
„birg, von einem grossen Umfange, hat von seinem Kopfe herun-
„ter an allen Seiten seines Abhanges verschiedene kleine, nicht tiefe
„Gründe, welche sich ein gutes Stük an dem Abhange hinunterzie-
„hen. Der ganze Kloz dieses diken Gebirges ist ein purer Kalk-
„stein. In den obigen kleinen Thälern aber liegt auf dem Kalkstei-
„ne ein anderes Gestein, welches theils schiefer- und theils sandstein-
„artig ist. Zwischen diesem, auf dem Kalkstein liegenden Gesteine,
„und dem Kalksteine selbst, streichen von beiden Seiten Gänge und
„Klüfte, welche sich eben so wie die Gründe selbst verflächen, und
„folglich in dem stumpfen Winkel des Grundes auf dem Kalkstein
„aufsizen, und alda gänzlich ausgeschnitten werden. Man wird sich
„leicht vorstellen können, daß ihre Tiefe nicht groß, und über 30.

bis

„bis 40 Klafter nicht betragen könne. Man kann nicht sagen, daß „diese besondern Gänge Flöze sind, weil sie die Eigenschaft der Flöze, „die im nachfolgenden werden beschrieben werden, gar nicht haben; „und da sie zwischen zweierlei Gesteine ihr ordentliches Streichen und „Verflächen haben; so muß man sie ungeachtet ihres nicht tiefen „Wiedersezens, für wirkliche Gänge gelten lassen. „(2) Ich pflichte, was das Streichen und Verflächen der Gänge betrift, ganz diesem berühmten Mineralogen bei. Nur muß ich bei dem schiefer= und sandsteinartigen Gestein, welches dem Kalksteine aufliegen soll, bemerken, daß Hr. v. Delius hier die Granitart (saxum rupestre granitosum) aus welcher die bannatischen Berge erster Klasse bestehn, und welche zugleich die Grundlage vieler der ersten Gattung in dieser zweiten Klasse abgiebt, für Kalkstein genommen hat, und daß dasjenige was er Granit nennt, das saxum metalliferum des Ritters Linné und Herrn von Born, die aus Thon und Schörl gemischte Steinart ist.

Gegenwärtig wird die moldavaer Bergrevier in das Benedikter, Florimundi und Andreasergebirg eingetheilet, auf denen folgende Gruben sind. Im ersten: Barbara, H. Dreifaltigkeit, Nepomuzenus, Hofnung Gottes, vierzehn Nothhelfer; im zweiten: Josephus, Maria Theresia, Erzherzoginn Marianna, Pelagia, Maria vom guten Rath; im dritten: Andreas, Petrus und Paulus, Benjamin, izt Anton von Padua, Thomas, Helena, Hilarius und Nikolaus.

Von allen diesen Gruben ist gegenwärtig blos Barbara und Hofnung Gottes auf dem Benediktinergebirge belegt, indem man mit der Erzerzeugniß nicht auf die Kosten kommen konnte; dagegen ist auf einem andern Berge, der in einer Stunde Entfernung von dem Andreaser liegt, und sich in das sogenannte Griechenthal endiget, ein

---

(2) Anleitung zur Bergbaukunst. A. I. S. 61. S. 50.

Zweiter Theil. M

ein silberhältiger Bleigang erschürfet und die Bartholomäigrube genennet worden. Es wäre zu wünschen daß die Gewerken diesen Bau fortsezten. Ueberhaupt hat dieses Gebirg neben den Kupferklüften Blei, wie solches z. B. auch auf Maria Theresia im Florimundergebirge einbricht.

Das Kupfer wird auf die Hütte zu Bosniak geliefert, wo die Manipulation ebendieselbe wie zu Oraviza ist. Es ist von Natur dehnbarer und geschmeidiger, als dieses Metall sonst im Bannat erzeugt wird. Aus dieser Ursache zahlet die k. k. Einlosung den Zentner zu 36. Gulden, also vier Gulden theurer als zu Oraviza und Dognaska, um dadurch die Gewerken aufzumuntern, die ausser dem schwer auf die Kosten kommen würden. Die hiesige Kupfererzeugniß möchte sich jährlich gegen tausend zweihundert Zentner belaufen.

Alle diese Gruben bieten die schönsten Stufen dar, womit sie die Neugierde des sie befahrenden Naturkündigers gewiß belohnen. So findet man auf Hofnung Gottes gediegenes Kupfer in Quarz, ebendergleichen auf Nepomuzenus, in schwarzgrauem Kupferkiese auch gediegen, welches in freier Luft zum rothen Kalk zerfällt, der mit der Zeit weiß wird, und fast ganz seinen Kupfergehalt verliert. Dergleichen rother Kupferkalk liegt häufig auf Erzherzoginn Marianna Stollen, nebst vielen Kupferkiesen. Auf Pelagius und Benjamin findet sich schönes Kupferglas von Inkarnatfarbe, mehr oder weniger hoch, mit Zinnoberpunkten und Fleken. Ebendaselbst bricht auch das hier sogenannte Atlaserz (Aerugo cupri Linnaei) von dem ich reden will, wenn ich auf Saska komme. Kleine Haarkristallen in Kupferglase, auf Hilarius; ebendaselbst schöne rothe Kristallen in hartem Ocher; und noch eine andere Gattung dunkler Ocher, der bald mit Bergblau, bald mit Berggrün, nicht selten auch mit gewissen Fäden von Kupfergrün, nach Art der subtilsten Federn, bedekt ist. Von Petrus und Paulus erhielt ich eine andere Gattung dunkeln Ocher, Ochra cupri fusca, cum ochra cupri caerulea crystallisata, crystallis granulatis nitentibus. Doch keine von allen diesen Gruben giebt so vieler=

vielerlei Gattungen Ocher, als der Josephschacht. Bergblau, auf der Oberfläche kristallisirt, und inwendig dunkelbraun; ein anderes, welches auf dem Bruche glatt ist; und so verschiedene Abänderungen, mit denen allen ich das Museum der kön. Universität zu Pavia versehen habe. Eines einzigen in Wahrheit merkwürdigen Stüks muß ich noch besonders gedenken: es ist von Farbe dunkelgelb, mit durchsezendem Spat, voll kleiner, etwas ins Grünlichte fallender Kristallen, zwischen zarten Streifen von Bergblau und Berggrün.

Der Bleigang auf Maria Theresia im Florimundsgebirge, hat zum Hangenden Kalkstein, zum Liegenden eine Art Thonschiefer. Es brechen hier schöne Bergarten ein, als: Mondmilch, Steinmark in zartem, verhärtetem Ocher mit Bergblau, und Berggrün in kleinen glänzenden, zwölfekigten Kristallen.

Uebrigens kommen die moldovaer Stufen mit denen zu Saska, welches Eu. aus meinem folgenden Briefe sehen werden, in vielem überein. Beide bereichern nicht wenig die Kabinete der Liebhaber; und es sind darunter Seltenheiten, die Valerius, Kronstedt und andere Mineralogen nicht beschrieben haben.

Mit der ausgezeichnetesten Hochachtung beharre ich 2c.

Neunter Brief
an ebendenselben Herrn Abt.

Bergrevier von Saska. Innerer Bau des Gebirges. Mineralprodukte und natürliche Merkwürdigkeiten desselben.

Ich kann den Weg, der von Moldova nach Saska führet, nicht anders als höchstbeschwerlich nennen. Erst muß man hohe Berge übersteigen, eh man nach drei Stunden Weges nach Radumna kömmt, wo im Walde eine Schmelzhütte steht, wohin die Erze der nächsten Gruben des Saskaer Bergreviers geliefert werden; denn in diesem befindet man sich itzt schon.

Man reiset dann über andere Berge von mittlerer Höhe weg; dann wieder über niedrigere, welches eigentlich nur Vorgebirge sind, bis man nach etwas mehr als einer Stunde Weges das Thal erreicht, in welchem die Bergstadt Saska liegt. Ihre Lage am Ufer eines Baches, der seine Wässer in die Nera schüttet, ist schön und anmuthig durch die pittoresken Aussichten, welche die Natur dem Reisenden hier bei jedem Schritte vervielfältigt. Sie hat eine ziemliche Anzahl von Walachen bewohnter schlechter Häuser; denn die bessern Gebäude gehören größtentheils Deutschen, die hier als Beamte angestellt, oder sonst bei der Grube und beim Schmelzwesen angewendet sind.

Der

Der Boden des Thales, und die Wege welche dahin führen, sind mit grossen und kleinen Stücken verschiedener Steinarten übersäet, unter denen man ganz kalkartige Schiefer, aschgrauen Thon mit Glimmer, Quarz und körnigen Spath findet. Alle diese Steine kommen aus dem erzhältigen Gebirge, welches sich in das gesagte Thal endiget und solches gewissermassen umgiebt, von den niedrigsten oder Vorgebirgen sowol, als den mittleren und höchsten.

Die von mir angeführten Beobachtungen des Herrn von Delius über das Streichen der moldavaer Gänge passen ganz genau auch auf die zu Saska; doch liegen diese Gänge, wie es auch Herr v. Born schon bemerkt hat, (1) gemeiniglich zwischen einem grauen Kalksteine und Thonschiefer, so daß ersteres das Hangende, das zweite aber das Liegende ausmacht.

Mehr als zwanzig Jahre als die Türken das Bannat schon geräumet hatten, fieng man hier erst den Bergbau auf einigen am Tage entblößten Klüften wieder zu erheben an. Die Walachen, welche zu dieser Arbeit gebraucht wurden, und welche die Gegend kannten, kamen bald auf alte Schächte und hoch aufgestürzte Halden, die in den dichten Schatten verjahrter Bäume versteckt lagen. Auch fand man, und kann sie noch itzt sehen, auf dem höchsten Gebirge eine Menge Kupfer und Bleischlaken — sicheres Kennzeichen, daß hier Schmelzhütten seyn mußten, obschon in der Nähe kein Wasser oder Bach ist, wodurch das Gebläse und Maschinenwerk konnte in Bewegung gesetzt werden. Ob die alten ihre Blasbälge mit der Hand getrieben, oder was immer für Maschinen sie mögen angewendet haben, will ich nicht untersuchen.

---

(1) Mineralog. Briefe. VII. Brief.

Aber eine andere Entdekung, die man erst im J. 1776. in der Gegend Boeste machte, die von der vorigen nicht weit entlegen ist, darf ich nicht übergehn. Man schürfte hier, in der Hofnung Erz zu finden, und grub ein Portal aus, welches zu zwei Gemächern führte, die eines auf das andere als zwei Stokwerke gebaut waren, und jedes vier Feuerheerden hatte, als von halbrunder Figur, fünf Schuh im Durchmesser und ein und einen halben Schuh in die Höhe. Auf jedem Heerde standen in geringer Entfernung von einander zwo irdene Röhren, die sich ohngefähr zween Schuh hoch erhoben und unter sich Zusammenhang hatten; so zwar daß die Röhren der unteren Heerde in diejenigen des obern Gemaches eingrifen. Mehrere der dortigen Bergbeamten behaupten, daß dieses Gebäude ein Probiergaden gewesen. Und gewiß wär' es in diesem Falle auch der Aufmerksamkeit eines gelehrten Scheidekünstlers würdig, zu untersuchen: wie die Alten bei einer solchen Verrichtung des Heerdes ihre Proben abführen mochten — was eigentlich der Gebrauch der mit einander zusammenhangenden Röhren der obern und untern Heerde seyn konnte — ob ihr Sistem besser oder schlechter als das unsrige war? Ich wenigstens kann bei der Aufnahme, zu der in unsern Zeiten die Metallurgie gebracht worden ist, leicht das Leztere glauben. Ein Erfahrungsbeweis aber sind die nur gleich in eben dieser Gegend gefundenen Silberschlaken, wie die gewöhnliche Probe unter der Kapelle Denar gegeben hat.

Unterdes haben diese Entdekungen doch die Aufmerksamkeit und den Muth des Bergmannes regegemacht. Man schürfte allenthalben im Gebirge und entblößte so viele Klüfte, daß der Katalog bloß der izt noch belegten Gruben sehr weitläuftig werden müßte, ohne derjenigen zu gedenken, die seitdem wieder aufgelassen sind. Ich will nur die vornehmsten nennen, besonders diejenigen, die seit dem J. 1770. erst eröfnet worden sind.

Nach der Silbergrube Maria Theresia, sind im Vorgebirge als die reichhaltigsten bekannt: Alt=Nikolaus, Joh. Nepomuzenus,

Segen Gottes, Emanuel und Philippi Jakobi. Die Gangart in diesen, so wie in den meisten übrigen Gruben dieses Distriktes ist Kalk, Gipsspat, seltener Quarz.

Im Mittelgebirge findet man die Theodor- und Gründonnerstagsgrube, beide gleichfalls kupferhältig. Es giebt hier Gruben, wo zwischen der Dammerde und dem Kalksteine noch eine andere Erdart liegt, davon der Zentner zu zwei bis sechs Pfund Kupfer hält. Sie wird in Säken zur Hütte geliefert. Ohne Zweifel mochte diese Erde durch die Verwitterung der Kiese mit Metalltheilchen angeschwängert worden seyn, indem die eindringenden Tagwässer die Schwefelsäure derselben in Bewegung brachten. Wirklich findet sich in dem Saskaer Bezirke ein ganzer Berg, wo die Natur eine ähnliche Verwandlung angestellet hat. Auch kömmt man bei Absinkung der Schächte auf einen weichen Thon, der gleichfalls drei bis sechs Pfund Kupfer im Zentner enthält; mit dem Unterschiede jedoch daß in diesem Thon das Kupfer nicht mineralisirt, sondern in Form eines zarten Staubes liegt, den man durch das Vergrösserungsglas unterscheiden und durch Schlemmen von der Thonart absondern kann.

Ausser diesen Schächten, sind auch die Gruben Anna Rosina, Maria Schnee, Mariä Heimsuchung, Bonifazius, Maria Brunn, Maria Schuz, Urbanus, Vitus und Modestus, alle wegen der geringen Ausbeute aufgelassen; und ist es zu verwundern, daß in ebendenselben Bergen so geschwind andere, und zwar mit ziemlichen Nuzen der Gewerken erhoben worden. Dergleichen neuangekommene Werker nennen sich: Prinz Ludwig, Prinz Franz Eugen, Geburt Christi, Rochus, Andreas, nebst noch drei andern wo Kupferkiese einbrechen, Rosalia, Sarkander, Martha. Merkwürdig ist auf der Grube Maria Schnee ein mit aufgelösten Kupfertheilchen angeschwängertes Quellwasser, welche Kupfertheilchen, wenn man Eisen in Stangen oder in Platten einlegt, sich niederschlagen, und so das Eisen in das sogenannte Zementkupfer verwandeln. Solche ze-
men-

mentirende Waſſer findet man in vielen erzhaltigen Gegenden, beſonders zu Herrengrund, in Niederhungarn und in Rösbanga.

In den ſogenannten, gegenwärtig aufgelaſſenen Gruben, findet man demungeachtet immer noch ſehr ſchäzbare Bergarten. Mehrere ſolcher Stufen ſind, wie ich in meinem vorhergehenden Briefe bereits bemerkt habe, noch in keinem Mineralſiſtem beſchrieben.

Zum Beweiſe will ich den räſonnirenden Katalog des Herrn v. Born über diejenigen, welche er ſelbſt hier geſammelt, ſummariſch einrüken, und nur in der Kürze einige andere beifügen, die ich ſelbſt noch nachgeärndet habe.

Auf Urbanus fand unſer Naturkündiger an einem ſandigten, mit Thon gemiſchten Salbande einer quarzigen Kupferkluft, gediegen Kupfer, deſſen Oberfläche ganz glänzend war. Ferner, erhärtetes Kupferblau — Cæruleum montanum induratum Cronſtedt. B. 194. und eben dergleichen Kupferblau in vielflächigten, glänzenden und halbdurchſichtigen Kriſtallen. Ebendaſſelbe auf Maria Schuz. Auf Neu-Elias gediegenes, äſtiges oder dendritiſches Kupfer in weiſſem, erhärteten Thon. Gediegen Kupfer in loſem braunen Kupfermulm, und in grün- und blauem Kupferocher fanden ſich auf eben dieſen Gruben und auf Maria Schnee. Auf Bona Spes, gediegenes geſtriktes Kupfer, welches in einer quarzigen mit grünlichtem Steinmarke gemiſchten Gangart liegt, und welches der Herr von Born dem bekannten geſtriktem Silber von Johanngeorgenſtadt in Sachſen, dem Gewebe nach ganz ähnlich findet. Auf Philippi Jakobi Cuprum ſulphure mineraliſatum ſolidum textura indeterminata, Cronſt. 8. 179 — Es läſt ſich ſchneiden, und iſt von einem ſtahldichten Gewebe; man nennt es hier Lecherz, und es bricht in ſchuppichtem grauem Kalkſteine. Sein Gehalt beläuft ſich auf 63 — 70 Pfund Kupfer; durch die Verwitterung zerfällt es in einen ſchwarzgrauen Mulm. Eben dieſe Grube giebt eine Menge von weißlichtem, dunkelbraunem und aſchgrauem Kupfermulm, der mit einem brennbaren Weſen vermengt, auf dem Bruche glänzend

und

und glatt ist, und daher Pecherz heißt. Rein hält er selten mehr als sieben bis acht Pfund. Er ist aber meistens mit Kupfergrün, Kupferblau, kristallinisch rothen Kupferglas und gediegenem Kupfer vermischt, und daher zählt man dieses Erz unter die reichen Kupfererze in Saska. Oft ist es auch mit sechsekigten oder vielflächigten Kristallen von glänzendblauer Farbe übersäet, die an sich zwar nichts als ein blauer Schörl sind, aber doch ein Körnchen Kupfer halten. Auf Maria Brunn, rothes Kupferglas, von unbestimmter Figur — Minera cupri calciformis pura & indurata, colore rubro, Cronstedt 8. 195.; es bricht in einem weissen und von Kupfergrün gefärbten Gipse, und ebendaselbst findet man auch schönes strahlichtes Kupfergrün. Eine Gattung von solchem kristallisirten Kupferglase besteht aus vielen aneinander gehäuften hellrothen, durchsichtigen, dreieckigten Kristallen, und sizet, sowie eine Abänderung derselben, nämlich achtekigte alaunförmige Kristallen, meistens auf Urbanus und Maria Heimsuchung, in einem braunrothen, feinkörnigten, jaspisartigen Steine, der am Stahle Funken schlägt. Herr von Born will ihn, nach Cronstedts Beispiel, der den hungarischen Zinopel Jaspis martialis nennet, einen kupferhaltigen Jaspis genennet wissen. Er hält, wenn man ihn von den eingemengten Kristallen absondert, 13 bis 19 Pfund Kupfer; einige Stüke, die ganz zu einem rothen Kupferocher verwittert waren, und nur noch in der Mitte einen Kern von diesem jaspisartigen Kupfererze hatten, überzeugen, daß die Ziegelerze, die man hier wie zu Oraviza (2) findet, ihren Ursprung diesem Kupfererze zu danken haben. Zu Saska wie zu Moldava bricht Atlaserz — Aerugo cuprea Linnaei, ein feinstralichtes, glänzendes Kupfergrün, dessen Stralen meistens konzentrisch, unten zugespizt und oben ein bis zwei Linien breit sind. Malachit in unzähligen Abänderungen, bald als flache dünne Platten, bald knotig getraust, als konzentrische übereinander gelegte Schalen, bald als dünne blätterichte, wellenförmige Schuppen. Ausserdem fehlt es nicht an verschiedenen Gattungen von

(2) Siehe den vorhergehenden Brief.

Verwitterungen und mehreren schönen Kristallisationen. Hellbrauner Bleiocher, der öfters mit weissen irregulären Spathkristallen untermengt ist. Blaue, säulenförmige, sechsseitige oder auch polieedrische glänzende Kristallen, die an beiden Enden abgestumpft sind, sizen gemeiniglich auf den Pecherzen. Eine weisse durchsichtige Kalkspathdruse, an der die Säule der Kristallen sechsseitig, mit drei breiten und drei schmäleren Flächen, die Spize aber dreiseitig ist; eine kreiseitige piramidalische durchsichtige Gipsspathdruse; eine andere zwölfseitige, die aus sünfekigten Flächen zusammengesezt ist, wovon *Martin Kehler* im I. Bande der Amoenitt. Academic. des Ritters *Linné* eine Zeichnung giebt, mit der ich sie verglichen habe. Der Herr von *Born* schliesset sein Verzeichniß mit der Anmerkung: daß man hier alle Gattungen von Kupferkiesen habe, unter andern auch das Kupferfahlerz — Pyrites cupri gryseus Cronst. 8. 198 — welches man hier Weißerz nennet.

Ich habe alle diese Bergarten nicht allein gesehn, sondern sie auch selbst in meiner Sammlung gehabt. Ausser dem sind mir noch folgende zu Handen gekommen. Zerreibliches Kupfergrün, kristallisirtes Lebererz, auf Eisenocher angeflogenes Bergblau, von *Vitus* und *Modestus*. Einige dieser Stufen verdienten ihrer Seltenheit und Schönheit wegen wirklich abgebildet zu werden, besonders das *Atlaserz*, Aerugo cupri nativa Linn. welches *Vallerius* zwar beschreibt, und auch eine Figur davon giebt, die aber mit demjenigen wie man es zu Saska findet, gar nicht übereinkömmt.

Die jährliche Erzeugniß an Garkupfer ist zwischen zwei bis dreitausend Zentner. Man schmelzt hier mit geringeren Kosten als anderwärts, da die Saskaer Kupfer leichtflüssiger als die übrigen banatischen Erze dieser Gattung sind. In der kurzen Zeit von achtzehn Stunden ist die Operation vorüber.

Ausser den angezeigten Kupferarten bricht, so wie in den übrigen Bergrevieren auch hier Blei ein, und zwar im Mittelgebirge. Die Klüfte laufen zwischen Kalkstein. In diesen Gruben finden sich noch verschiedene bemerkenswerthe Berggarten, besonders viele Bleiocher von weißlichter Farbe, und öfters auch mit unregelmässigen weissen Spathkristallen übersäet.

Und so, mein Herr Abt, wüßt' ich von dem Saskaer Bergrevier nichts weiter anzumerken, das Ihre Aufmerksamkeit verdiente, und habe nur die Ehre Eu. ꝛc.

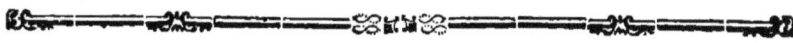

Zehnter Brief
an ebendenselben Herrn Abt.

Noch eine Blei- und eine Kupfergrube, die sich ausser den Gränzen der vier Bergreviere befinden, werden nachgeholt. Goldkörner, welche die Zigeuner aus dem Sande verschiedener Flüsse und Bäche, so wie aus der Dammerde einiger bannatischer Gegenden sichern. Beobachtungen der Herren Koczian und Dembscher über diesen Gegenstand. Nutzen des Bergbaues im Banat; indem durch Benützung seiner unterirdischen Reichthümer an Kupfer, Blei, Eisen und auch etwas Silber, ein guter Theil der Einwohner beschäftigt, und eine grosse Summe Geldes in Zirkulation gesetzt wird.

Vielleicht könnte mit der Zeit die Anzahl der bannatischen Werke sich noch beträchtlich vergrössern, da man ausserhalb dem Bezirke seiner vier Bergämter, noch Spuren von edlen Gängen in den

Bergen der Almasch und des nordlichen Theils vom lugoscher Kreise, längst des Maros und der siebenbürgischen Gränze, antrift.

Ich habe zu Anfange meines sechsten Briefes der beiden zu Gladna und Thorgos nur kürzlich in diesem Kreise entdekten Bergwerke gedacht, die ich hier nachholen will.

Ersteres ist ein silberhältiger Bleigang, wo der Zentner sieben bis neun Loth giebt; das zweite eine dike Erdlage von dunkel braunem Steinmarke, in welchem das gediegene Kupfer in Blätchen, Fäden, Körnern und anderen noch kleineren Theilchen liegt. Bisher hat man diesen Gang nur am Tage entblößt. Er ist den Proben nach reichhaltig; nur ist man nicht soganz von seinem Fortsezen versichert, und von der andern Seite zweifelhaft, wie man das Erz aufschmelzen soll. Der Antrag war, mittelst einer eigenen Maschine diese Erde zu reinigen, und nachdem durch Schlemmen das gediegene Kupfer davon zu scheiden — eine langsame, kostbare, und oft wenig Nuzen bringende Arbeit. Es steht zu erwarten, daß man durch weitere Versuche auf ein besseres Mittel kommen wird, besonders da neuerdings in den benachbarten Bergen auch Kiese gefunden worden sind.

Bisher schränken sich nun freilich die bannatischen Reichthümer nur auf die minderedlen Metalle, auf Kupfer, Blei und Eisen ein; doch kann man immer noch hoffen, auf bauwürdige Silberklüfte zu kommen, da doch jährlich eine ganz beträchtliche Quantität aus dem Blei und Kupfer geschieden wird.

Goldkörner führen die meisten Flüsse und Bäche in ihrem Sande mit. Es ist hier die Arbeit der Zigeuner beiderlei Geschlechts, solches auszuwaschen.

Sie nehmen hiezu ihre Zeit, wenn durch fallende Regen oder durch die abgehenden Schneewässer die Flüsse aufgeschwollen, und ihr Lauf schneller und heftiger als gewöhnlich ist. Ein Bret von Lindenholze,

holze, eine Klafter lang und ein, eine halbe Klafter breit, das von oben etwas hohlflächigt ist, und über die Quere zehn bis zwölf Einschnitte hat, macht das ganze Geräthe aus. Dieses Bret wird abhängig gestellt, so daß es mit dem Horizont einen Winkel von 45 Graden macht. Und so wird auf dasselbe der aus dem Flusse genommene Goldsand gebracht, Wasser aufgegossen, und mit der Hand so durcheinander gerühret, daß nach und nach die leichtern und endlich auch die schwereren Sandtheilchen mit dem Wasser abgehn, und endlich mit dem gröbsten Sande die Goldkörner auf den Einschnitten des Bretes liegen bleiben. Sie völlig zu reinigen, giebt man alles mit frischaufgegossenem Wasser in eine länglichte Mulde, und aus dieser auf den Sichertrog, wo das Gold rein und glänzend liegen bleibt. Die hiezu abgerichteten Zigeuner verrichten diese Operation in wenig Minuten, so daß sie in dieser kurzen Zeit nicht selten gegen zwei Groschen werth Goldkörner erhalten.

Bei trokener Witterung, wenn die Wässer stark fallen, suchen die Zigeuner das Gold auch auf dem den Flüssen und Bächen zunächst liegenden Boden, und öfters auch in einiger Entfernung herum; da sie denn breite Gruben graben, und dadurch auf eine Erdschicht kommen, die sie aus gewissen Zeichen schon als die goldhältige kennen. Um dann aus dieser Erde die Goldkörner zu scheiden, ist die Arbeit eben dieselbe wie bei dem Flußsande, zumal da diese Gruben gleich mit Wasser ausgefüllet werden.

Es finden sich viele Gegenden im Bannat, wo man dergleichen Gruben und Spuren ähnlicher Seifenwerke sieht, die, weil sie von sehr alter Zeit her sind, von den Römern seyn sollen. Dergleichen sieht man zu Wescherova, Polvaschniza, Purlava und zu Timul im Karansebescher Distrikt; ferner im Thal Valliemare gegen die siebenbürgische Gränze, von Echava-Bistra nämlich bis Marga, an den Bächen die mit diesen Dörfern gleiche Namen tragen.

Der Herr Hofrath v. Koczian hat im J. 1769. bei Gelegenheit einer Kommisson im Bannat eine förmliche Untersuchung der Goldwäschereien und des Bodens, in welchem der Goldsand liegt, angestellt. Er kam an den Ort selbst, in die Gegend der Almasch, wo bei Poschoviz der kleine Fluß Menisch seine Wässer in die Nera schüttet, und wählte sich unter den Zigeunern die geschiktesten Arbeiter zu den Versuchen aus. Man hat hierüber eine Abhandlung in des Herrn von Born Briefen über mineralogische Gegenstände; davon ich das wesentlichste in einen kurzen Auszug bringen will.

Der Herr Hofrath fand die Erdlagen in folgender Ordnung auf einander geschichtet. Zuerst die Damm- oder oberste Rasererde, zwei Schuh tief; in der zwoten Lage Wakenstein, eine Thonart, auch zwei Schuh ohngefähr; in der dritten, eine Mischung von Sand und Kalk, so fest und hart, daß man sie zu zerstüken, sich der Keilhaue bedienen muß; in der vierten Lage endlich, die bis an drei Schuh anhält, eine Mischung klar zerriebener Glimmer und Eisensandes, die durch das Waschen sich leicht von einander absondern. Und diese leztere ist eigentlich die Goldschicht.

Da diese Schicht, wie es verschiedene Schürfe gezeigt haben, vom Ufer des Flusses bis auf eine Entfernung von mehr als 100. Klafter, oder 600. Wienerschuh, in das Land reicht; so schließt der Herr Hofrath, daß man sie als einen breiten, goldhältigen Gang ansehen müsse, dem die drei andern Erdlagen, die kein Gold halten, aufsizen.

Daraus erklärt sich auch, warum die Nera und Menisch nur, wenn ihre Wässer hoch sind, Gold führen, hingegen zur Zeit der Trokene keines fallen lassen. Im ersten Falle nämlich strömet der Fluß mit Heftigkeit in seinem Bette fort, spület von beiden Seiten die Erdlagen ab, und führet von der lokern, leichten vierten Erdlage die Goldtheilchen mit sich fort; da wenn seine Wässer sinken, er niemals diese vierte, goldhältige Schicht erreicht.

Ohn-

Ohngefähr ähnliche goldhältige Schichten, findet man in eben dieser Gegend der Almasch, an andern kleinen Bächen, die eh sie sich in die Nera ausgiessen, die Dörfer Pania, Roderia und Telposchiz bespülen. Eben dergleichen habe ich in anderen Gegenden des Bannats schon angeführet; ja es sind auch solche, die in der Nähe herum gar kein Wasser haben, genau wie diejenige, die im siebenbirgischen Stuhle Millenbach bei dem Dorfe Olaspian, am Fusse des Berges Rudel, bekannt genug ist, und woher man auch in vorigen Zeiten eine Menge Goldes gezogen hat.

Nach diesen Thatsachen, und in der Voraussezung, daß die Gruben, welche man verschiedentlich hier siehet, Arbeiten der Römer seyn möchten, schlug der Herr v. Roczian vor, einen regelmässigen Bau auf diese Erdlage zu führen, und Waschheerde anzulegen, um eine Arbeit im Grossen zu betreiben, die unter den Händen der Zigeuner nur unbedeutend ist, sowol wegen der sehr wenigen Erzeugniß an sich, als wegen der Menge Goldtheilchen, die bei ihrer Art zu manipuliren verloren geht.

In seinem Aufsaze über diesen Gegenstand vergißt der Herr Hofrath nicht, auch einige Kennzeichen anzugeben, durch welche sich das Daseyn der goldhältigen Erdlage immer anzukündigen pflegt. Das Merkwürdigste sind die Steinkohlen, die sich in der Nähe, oder unter derselben einfinden, so daß sie hier in der Almasch ihr das Liegende abgeben. Ein so interessanter Gegenstand mußte die Aufmerksamkeit der k. k. Hofkammer in Münz- und Bergwesen regemachen, von welcher im J. 1769. Hr. Demscher, damaliger Probierer zu Saska, den Auftrag erhielt, die Beobachtungen des Hrn. v. Roczian zu berichtigen, und zuzusehn, ob man aus seinem Vorschlage allen den gehoften Nuzen ziehen könnte.

Beide Beobachter kamen im Ganzen fast völlig überein. Ausser dem versicherte sich der Leztere noch, daß das Gold, so wie es in der Almasch von den Zigeunern ausgewaschen wird, seine völlige Feine habe, und

und von aller Beimischung fremder Mineralien ganz frei sey. Unterdes erhielt Hr. Dembscher, nach den genauesten und vorsichtigsten Proben, aus dreyßig Karn goldhältiger Erde, die man am Flusse ausgegraben hatte, nicht mehr als gegen zwei Gran Gold, und aus andern dreissig Karn, die man gegen den Berg zu gegraben hatte, nur ein halbes Gran dieses kostbaren Metalls; woraus er sehr richtig berechnete, daß man mit der jährlichen Erzeugniß keineswegs nur auf die Kosten kommen könnte, wenn man die Arbeit im Grossen betreiben und einen ordentlichen Bau mit deutschen Arbeitern führen wollte, deren Unterhalt ungleich mehr kosten würde, als der geringe Lohn, mit dem sich der Zigeuner begnügt. Das Bergamt zu Oraviza bezahlt ihnen für einen Dukaten werth geliefertes, reines Waschgold, zween Gulden — nur für Leute hinreichend, die halbnakend gehn, und des Tags nur einige Kreuzer brauchen, um mit ihren armen Familien zu leben.

Es wird überhaupt in den Distrikten von Ujpalanka, Mehadia und Karansebes, ein Jahr in das andere gerechnet, sechs bis siebenhundert, und in den übrigen Flüssen des Bannats drei bis vierhundert Dukaten werth Goldes gewaschen, welches nun freilich kein beträchtlicher Gegenstand ist.

Und so bleibt das Kupfer noch immer der größte Reichthum der hiesigen Bergwerke. Ich habe in den vorhergenden Briefen bereits gesagt, wie hoch beiläufig in jedem Bergamte die jährliche Erzeugniß gebracht wird, welches Kupfer dann der Hof den Gewerken zu 32. Gulden den Zentner ablöset, und wenn es vom Hammer kömmt und Kaufmannsgut ist, zu 53. Gulden verkauft. Dieser einzige Artikel, ausser dem daß dadurch ein guter Theil der Einwohner dieser Distrikte beschäftigt wird, macht im Lande jährlich eine Summe von mehr als vierhunderttausend Gulden zirkuliren. Das aus Kupfer und Blei geschiedene Silber hat im J. 1775. gegen zweitausend Mark betragen. Was die bei diesen Gruben interessirten Gewerken an Blei selbst gewinnen, kann ich nicht angeben, auch nicht so genau den Werth von Stahl

Stahl und Eisen bestimmen, welches sowohl roh aus dem Lande geht, als zu verschiedenen Gefässen und Werkzeugen auf den Hämmern verarbeitet wird. Mit welchem Nuzen man Arbeiten auf Schwefel, Arsenik, Vitriol und Alaun im Grossen unternehmen würde; davon steht noch der Erfolg zu versuchen, da alle diese Mineralien in der unendlichen Menge von Kiesen und Alaunerden, welche die Berge dieser Provinz haben, genug vorhanden liegen. Es ist der k. k. Bergwerksdirektion eine Berechnung eingegeben worden, nach welcher jährlich über dreisigtausend Zentner des besten Schwefels könnten gewonnen und ausgeführet werden.

Ich glaube nun alles genannt zu haben, was das Mineralreich einem forschenden Auge im Bannat anbieten kann — sowohl was die wirklich nuzbaren metallischen Produkte, ihre Gewinnung und Bearbeitung, als andere Fossilien betrift, die nur durch die Schlüsse bemerkenswerth werden, die sich daraus auf die erste natürliche Geschichte des Landes, oder die Entstehungsart seiner gegenwärtigen Berge und Ebenen machen lassen. Das Land hat noch andere mineralische Naturgeschenke, die dem Kenner nicht weniger schäzbar als Gold und Silber sind, von denen ich Eu. in einem folgenden Briefe zu unterhalten die Ehre haben will.

Eilfter Brief
an ebendenselben Herrn Abt.

Allgemeinere Anzeige der mineralischen Wässer, die sich hin und wieder im Bannat finden. Umständliche Beschreibung der warmen Bäder zu Mehadia, oder bei den Alten unter dem Namen der Bäder des Herkules berühmten Heilquellen.

Noch haben die wahrscheinlichen Revolutionen des Erdfalls, durch welche die physische Beschaffenheit des Bannats entstand, ein anderes Naturgeschenk entwikelt, das keine kleine Wohlthat für die Menschheit ist. Ich rede von den verschiedenen mineralischen Quellen, in denen die Kunst der Aerzte zu allen Zeiten kräftige Heilmittel gefunden hat — Arzneien, welche die Natur selbst in ihren unterirdischen Laboratorien zubereitet.

Belieben Eu. aus meinem ersten Briefe sich zu erinnern, daß im Distrikt von Temeswar zwischen den Dörfern Brukenau, Murain und Sibisch, ganz nah an der Strasse welche nach Arad führet, der Boden sich in kleine Hügel erhebet. Hier ist es, wo sich zwo Wasserquellen von ganz verschiedener Eigenschaft finden, obschon sie sich sehr nahe sind.

Die eine ist ein heilsamer, leichtabführender Säuerling, und heißt daher auch der Sauerbrunn. Die andere, die nach der chemischen Auflö-

Auflösung in ihre Bestandtheile, ein erdharzigtes und schweflichtes Wesen enthält, ist den kleineren und mittleren Vögeln, den Fröschen, Kröten und anderen Insekten ein tödtender Gifttrank, da sie den Menschen in der Kräze, dem Grinde und andern Hautkrankheiten, äusserlich als Bad gebraucht, trefliche Dienste leistet. Sie ist sehr kalt, obschon im Sommer sie so heftig aussprudelt, daß man das stärkste Aufbrausen vermuthen solte.

Im Bergrevier Oraviza, am Fusse des Berges Koschowiz ist ein Brunn, dessen Wässer von salzigtem, bittern Geschmake sind, und auf der Oberfläche beständig kleine Luftblasen auswerfen. Ihr von der Distillation übriggebliebener Bodensaz gibt wenn er ausgelauget wird, eine Menge solonitisches Salz, ein sicheres Kennzeichen der vorhandenen Alaun= und Kalktheilchen. Noch ein anderer Quell, der von diesem wenig verschieden ist, befindet sich, wie man mich versichert hat, im lugoscher Kreise, und zwar in der Gegend um Lippa, nicht weit von der Maros am Fusse eines Berges, zwischen den walachischen Dörfern Juonitz und Petris. Bei meinem Aufenthalte zu Karansebes, habe ich zu Baldaserrata, welcher schöngelegene Ort nicht weit von dieser Stadt entfernt und dem dasigen raizischen Bischofe zugehörig ist, im tiefen Schatten von Fruchtbäumen einen Säuerling besucht; da mir aber um Versuche anzustellen, jedes Erforderniß fehlte, so mußt' ich es damit bewenden lassen, daß ich in vollen Zügen sein klares, kristallhelles Wasser trank. Er lies auf der Zunge einen säuerlichten, etwas bittern Geschmak zurük, der aber nur wenige Augenblike anhielt.

Vielleicht möchten ausser den angezeigten noch mehrere mineralische Wässer in der Provinz sich finden, wenn Naturkündiger und Aerzte ihnen nachgehn und sie untersuchen wolten. Bisher sind es immer nur die warmen Bäder von Mehadia, die von langer Zeit her berühmt — vielleicht mit Ursache waren, daß man nicht weiter nachsuchte.

Der Ursprung der Quellen selbst ist nur eine Poststation vom Kastelle Mehadia, da wo die Gränzgebirge das Bannat von der westlichen Walachei scheiden. Man weis, daß zu den Zeiten der Römer der Ort ad Aquas hieß, und die Bäder selbst den Beinamen der herkulischen führten; da bei den Alten alle warme Bäder überhaupt, die nur immer zu Herstellung der menschlichen Gesundheit dienen mögen, als dem Herkules vorzüglich heilig angesehen waren. Athenäus sagt ausdrüklich, daß die aus der Erde quellenden warmen Wässer dem Herkules heilig sind. (1) Golzius hat eine Münze der Kolonie der Jmiräer in Sicilien, worauf man den Herkules im Bade sieht, während daß Minerva ein Opfer verrichtet. Ueberhaupt haben die berühmteren warmen Bäder fast alle den Beinamen der herkulischen geführet, wie z. B. die zu Jmera in Sicilien, die zu Capua in Campanien, welche Fabius Maximus wiederherstellen ließ; die zu Adespo auf der Insel Euböa, deren Strabo (2) gedenket. Auch Aristoteles hat uns hinterlassen, daß die Bäder dieser Art, ihrer Heilkräfte wegen, den Namen des Herkules tragen; (3) und Aristophanes versichert im Gegentheil, daß die kalten Quellen niemals herkulisch sind genennet worden. (4)

Wenn aber irgend warme Bäder aus dieser Ursache, in grossem Werthe, Ruhm und Ansehn standen, so sind es gewiß diejenigen, von denen hier die Rede ist. Zum glänzenden Beweise dienen die Reste von alten Denkmälern, die noch am Orte zu sehen sind. So findet man in einer Gegend nah am Ufer des Czernaflusses gebrauchte Ziegelsteine von ausserordentlicher Grösse umher zerstreut, unter denen ich einige bemerkte, die mit dem alten römischen Geschlechtsnamen Sigulinus bezeichnet waren. So sieht man von der Seite des Berges, fast einen hal=

---

(1) Lib. XII. Τα θερμα τα Φαινομενα εκ τῆς γῆς Ἡρακλεος ειναι τὰ ἱερα.
(2) Geograph. Lib. X.
(3) Orat in Hercule. τα ἥδιςα Ἡρακλεια ἔχοντα ἐςι.
(4) In der Komödie, die Wolken. τῦ Ψυχρα ὀντα πωπο¹ Ἡρακλεια λετρά.

halben Schuh über den Boden herauf, den Grund einer sehr festen Mauer; so werden öfters Medaillen und Münzen aus den ältern und mittleren Zeiten des römischen Reichs ausgegraben. Sieben Abbildungen des Herkules, nebst mehreren gelehrten Inschriften sind zu verschiedenen Zeiten, besonders um das Jahr 1736. ausgegraben worden, und zwar bei Gelegenheit als der Graf Hamilton auf Befehl Karls VI. diese berühmten Bäder wiederherstellen ließ, die durch die Zerstörungen der Zeit und die Unfälle des Landes ganz in Ruin und Vergessenheit gerathen waren.

Ich darf, was das Detail der gesagten Alterthümer betrift, mich auf dasjenige berufen, was ich bei anderer Gelegenheit davon beigebracht habe. (5) Es sind größtentheils Altäre und Opfertafeln, in denen Herkules mit dem Namen Sanctus, Augustus, Invictus, Salutifer, verehret wird; auch sind auf verschiedenen, Hygia, Aeskulap, Venus, die grossen und guten Götter, diejenigen der Brunnen und Wässer, der Genius und die Gottheiten des Ortes genannt. So sind deren zwei für die Wiederherstellung des M. Aurelius Antonin; eine andere wegen seiner Gemahlinn Faustina; eine dritte für den Septimus Severus und M. Antonius Caracalla, errichtet worden. Man findet unter den Stiftern dieser Denkmäler Konsularen, Statthalter in Dacien, kaiserliche Legaten, und Präfekte der Legionen, als der XIII. Gemium (VIII.   ) Antoniniana V. der Macedonica die in die Provinz, sowie die Cohors prima Vibiorum, verlegt waren.

Man kann nicht mit Genauigkeit bestimmen, wer es eigentlich gewesen ist, der nach der Eroberung des dacischen Reichs durch die Römer, diese Bäder in Aufnahme gebracht und dem Herkules Tempel und Altar gewidmet hat. Paskal Garofolo (Caryaphilus) in der zu Wien 1737. herausgegebenen, seinesorts von mir angeführten lateinischen Abhandlung, glaubt aus der Ursache, daß alle diese Denkmäler aus den Zeiten der Antonine sind, daß man auch die Errichtung der

---

(5) VIIIter Brief des Iten Theils.

Bäder und des Tempels, eher der Freygebigkeit dieser Kaiser, als ihrer frühern Vorfahren, des Trajan und Adrian zuschreiben müsse. Noch weiter giebt dieser Schriftsteller den T. 'Aelius Antoninus Pius (6) als Erbauer an; indem auf einer dieser Inschriften Barbatus und Regulus genennt sind, von denen man weis daß ihr Konsulat (7) unter seine Regierung fällt, und eine andere ein Gelübde für den M. Sedatus Severianus, kaiserlichen Legaten, enthält, der nach zween Marmorn bei dem Gruterus (8) in diesen Zeiten lebte. Man weis daß von diesen einer zu Rom im Palaste Colonna, der andere zu Ostia sich erhalten hat, von daher sie von dem gelehrten P. Jakob Sirmond nach Frankreich sind gebracht worden.

Eine in den Mauern des Schindelbades eingemauerte Inschrift widerlegt jedoch diese Meinung. Es ist die Rede von vier Gesandten, die unter dem Konsulat des Severianus aus Dacien nach Rom geschikt waren, und nun bei ihrer Wiederkunft den Gottheiten der Wässer ihre Gelübde bezahlten; welches, mag es nun Aria Severianus, der im Jahr C. 132, oder Julius Servilius Ursus Severianus der im Jahr C. 134. regierte, gewesen seyn, nach den Fastis consularibus des Pauvinius, beym Mezzabarba, und dem Rationarium temporum des P. Petau, immer doch in die Zeiten des Adrian fällt. Und so müssen die Bäder von Mehadia vor dem Antoninus Pius schon da gewesen seyn, indem dieser im Jahr 138. gem. Zeitrechnung, zum Reich gerufen ward. Man muß also die Ehre ihrer Erhebung, so wie die Erbauung des benachbarten Tempels, entweder seinem Vorfahr Adrian geben, oder sie dem Eroberer der Provinz, Traian selbst lassen. Freilich gedenken Dio Kassius, bei Erzählung der denkwürdigen Thaten dieses lezten Kaisers in Dacien, so wie Spartian, von

dem

---

(6) De thermis herculanis nuper in Dacia detectis. Vindob. 1737. Praef. pag 64.
(7) Ebendaselbst pag 55, 65.
(8) Bei Grutern, N. XLV wie auch Sivert Zamosius und andere Sammlungen der Alterthümer, Inschriften, vornämlich der Denkmäler Daciens.

dem wir eine kurze Lebensbeschreibung des ersten haben, davon mit keinem Worte; aber ihr blosses Stillschweigen sollte nicht hindern, eine Vermuthung zu wagen, die sonst ganz für den Trajan ist.

Man weis, und unzweideutige Denkmäler beweisen es, daß Herkules als ein besonderer Beschüzer und Erhalter der ulpianischen Familie, (9) und Trajans insonderheit, angesehn wurde, der wegen seiner Heldenthaten dem Halbgott in Gegenwart des ganzen Senats von seinem Panegyristen, dem jüngern Plinius (10) verglichen, auch auf mehreren vom Senat ihm zu Ehren geprägten Münzen als das Bild des Herkules vorgestellet wird. (11)

Die bekannte Inschrift, die zwischen den Ruinen der Colonia Ulpia Trajana Sarmizeghetensis, gegenwärtig einem elenden Dorfe in Siebenbürgen, gefunden worden, und welche ein erfültes Gelübde Trajans nach der Niederlage des Decabalus (12) ist, nennet neben dem Jupiter stator einen Hercules Vincitor. Eben diesen Schuzgott hat die gedachte Kolonie für die Wiederherstellung Trajans und seiner Schwester Marciana angerufen. (13) Auch hab ich oben schon bemerkt, daß überhaupt alle warme Quellen, bei den Römern sowol als Griechen, dem Herkules heilig waren. Alle diese Umstände zusammengenommen, und kein einziger Grund das Gegentheil zu glauben — warum solte man nicht annehmen können, daß Trajan es ist, der hier seinem Schuzgotte Tempel und Altar baute, zu dessen Verehrung die Heilkräfte der Wässer das Volk ohnedies einluden, die hier sehr berühmt waren. Und gewiß mußten sie es seyn, da ohngeachtet der rauhen und durch Räuber unsicher gemachten Zuwege, die Kranken nicht

nur

---

(9) Ebendaselbst.
(10) Im 45. Kap. n. 1. mit Schwarzens Noten und anderer.
(11) S. Vaillant Mediobarbus, und thesaurum brandenburgicum antiqq. numismatum.
(12) Bei Seivert, N. II.
(13) Ebenderselbe.

nur aus allen Theilen der Provinz, sondern auch aus dem benachbarten Pannonien, Sarmatien, Macedonien und aus beiden Mösien herbeieilten. So findet sich zum Beweise unter den nach Wien gebrachten Inschriften, eine welche die Söhne des Julius Sergia Bassus, Decemvir der Stadt Dubreta in Mösien, ihrem auf dieser Strasse ermordeten Vater gesezt haben. Eine (14) Gefahr, welche noch heut zu Tage eben dieselbe bleibt, besonders wenn zur Sommerszeit die mit Laub bedekten Wälder der Bosheit eine sichere Zuflucht geben. Die in der Nähe der Bäder selbst befindliche Räuberhöle, habe ich im zweiten Briefe zu beschreiben die Ehre gehabt.

Die Gegend selbst, ist ein langes, enges Thal, wo der Fluß Czerna vom Berge Morarut herab auf seinem mit Steinen von verschiedener Grösse angefüllten Bette fortrauschet, mit den Wässern der Krajova und Bellarega angeschwellt, sich bei Orsova in die Donau schüttet. Von der andern Seite wird das Thal von steilen Bergen eingeschlossen, die meistens perpendikular gespalten, dem Orte ein an sich grauses und trauriges Ansehn geben, welches jedoch auch seine Reize für das Auge hat, zumal wenn in der schönen Jahrszeit die Bäume mit ihren angenehmen Grün gekleidet sind, und Blumen und Kräuter den Dunstkreis mit einem erquikenden Geruche erfüllen.

Nach dem Hrn. v. Delius sind diese Berge derber Kalkstein, nicht schichtenweise aufgesezt; (15) welches mit der Beobachtung nicht übereinstimmt. Man kann sich ganz leicht vom Gegentheile versichern, wenn man nur fünf oder sechs tausend Schritte an beiden Ufern des Flusses Czerna fortreiset.

Die Quellen der mineralischen Wässer sprudeln aus diesen Bergen, in einem Umkreise von mehr als siebenhundert Klaftern zerstreut, hervor. Um eine genauere Idee von der Gegend, und überhaupt von der ganzen physischen Beschaffenheit des ganzen Thales mit den wenigen

Ge-

---

(14) S. den schon angeführten Brief des ersten Theiles.
(15) S den 130. Art. des ersten Abschnittes seiner Anweisung zur Kunst, die Mineralien zu bearbeiten.

Gebäuden, zu geben, darf ich Eu. blos auf die Zeichnung in der Kupfertafel weisen, die ich am Orte selbst aufgenommen habe. (16)

Zuerst, wenn man längs dem rechten Ufer des Flusses Czerna hin, den Weg von Mehadia nach diesem Thale verfolgt, erreicht man das Franzisci oder Franzosenbad, von den Heilkräften, die man ihm in den venerischen Krankheiten zuschreibet, so benennet. (N. 1.)

Fast gegenüber am linken Ufer, quillt aus einem kleinen Quelle das Augenbad. (N. 2.) Von hier kömmt man (N. 3.) zu einer Quelle kaltes, reines Wassers; auch ist von der andern Seite (N. 4.) ein zweiter, grösserer Augenquell; und in geringer Entfernung (N. 5.) hat man das Kalkbad entdekt. Das Gliederschwizbad ist eine kleine Höle mehr links hin, (N. 6.) aus welcher ein diker Dampf aufsteigt, der den Schweis befördert, und von Gliederschmerzen heilet. Noch ein anderes Gliederschwizbad, welches die nämliche Wirkung hat, ist nur einige Schritte entfernt. (N. 7.)

Alles dieses überschaut man aus einer Lage, die nichts anders als eine Zusammenhäufung von Ruinen ist, wo man hin und wieder alte Ziegelsteine von ausserordentlicher Grösse, ganz und in Stüken umher zerstreut findet. Die zerfallenen Mauern (N. 8.) die man um ein Thürmchen herum sieht, das vielleicht einer Wache zur Warte gedient haben mag, scheinen nicht von so entfernten Zeiten her. (N. 10.) Etwas weiter hin kömmt man über eine bequeme, gutgebaute hölzerne Brüke, die auf die Felsenstüke des Gebirgsabhangs aufgelegt ist; und so müssen wir nun von dem rechten Ufer uns an das linke versezen.

Zweiter Theil.   P   Un-

---

(15) Ich habe um so nöthiger erachtet, diese Tafel beyzufügen, weil die Kupfertafel, welche vor einer Dissertation des berühmten Herrn von Kranz, vormals Professors zu Wien über diese Wässer steht, gar nicht dazu dienet, sich einen richtigen Begriff weder von der Vertheilung, nach dem Orte desselben zu machen, und worüber er schlecht gnug von dem ersten Arzte Königswers zu Temeswar ist bedienet worden, welcher sie ihm übersendet hat.

Unmittelbar an dem Felsenstüke, worauf die Brüke ruhet, sammeln sich aus verschiedenen Rizen zwei Wasserärme, aus denen das Fieber- und das Geschwulstbad bestehen; (N. 12. 13.) beide von von erkannten Heilkräften in diesen Krankheiten so benennet. Es folgen (N. 14. 15.) zwei kleine Kasernen für das Militär des Orts; eine Dachung für Kutschen und anderes Wagenwerk; (N. 16.) die katholische Kapelle; (N. 17.) ein Wirtshaus (N. 18.) für die Fremden, die hieher kommen sich der Wässer zu bedienen. In gleicher Linie (N. 19.) eine dritte Kaserne, um die Kranken aufzunehmen, die aus den Militärspitälern zu Temeswar und andern Orten der Provinz hieher geschikt werden.. Endlich unmittelbar an diesem das Gemeinbad (N. 20.) welches drei Abtheilungen hat, und von seinem Dache das Schindelbad heißt. Ein schlechtes Gebäude aus Bretern, welches der verstorbene raizische Bischof zu Verschez errichten lassen, nebst einem Garten (N. 21.) liegen diesem Bade gegenüber, von dem man nach einigem Wege, zu dem Rauberbade herabsteigt. Und hier erhebet sich der Rauberberg, der auf eben dieser Kupfertafel mit seiner innern Hölung in den Fig. 2. und 3. vorgestellt ist.

Dieses wäre denn das äusserliche Ansehen der Bäder; ich habe noch folgende allgemeine Anmerkungen dabei zu machen.

Erstlich laufen einige bei nasser Witterung, wenn der Schnee schmilzt, und auch die Wässer der Czerna aufschwellen, sehr stark an, da sie bei trokener Witterung sehr abnehmen. Zweitens sind andere, die zu aller Jahrszeit gleichen Wasservorrath haben. Drittens sieht man das Fieberbad über die Horizontallinie der Oefnung aus der die Quelle hervorbricht, in die Höhe springen; und ähnliche springende Wässer sieht man auch in der Cserna, oft über eine Elle hoch über dem Wasserpasse springen — sicheres Zeichen, daß sie tiefer als das Flußbette ist, hervorbrechen müssen. Viertens sind alle diese Quellen rein und kristallklar; nur das einzige bedekte Kalkbad erscheinet weislicht und milchfarb. Fünftens haben alle einen salzigten bittern Geschmak, und purgiren, wenn sie in Ueberfluß getrunken

ken werden. Sechstens hauchen sie einen Schwefelgeist aus, der in einigen mehr, in andern weniger den Geruch reizet, besonders zur Zeit da man sich des Bades selbst bedient. Siebentens erhält sich dieser Geruch in der Wäsche, auch wenn sie getroknet ist, noch lange Zeit, in einigen sehr stark, welches besonders vom Schindelbade gilt. Achtens sezt das Gliederbad an der Oefnung, woraus die Quelle hervorbricht, und auch auf dem Felsengrunde, über den es fortläuft eh es in die Sammlung abfällt, Schwefelblumen an. Neuntens, sieht man ähnliche Blumen auch an dem Schwizloche, besonders an den Wänden des Spaltes, aus dem der Dampf aufsteigt. Ein gleiches ist im Rauberbade an dem kleinen Gewölbe der Scheitelöfnung zu bemerken, die einen ähnlichen Dampf aushaucht, und unter welcher in der Tiefe das Wasser hervorbricht. Endlich zehntens wird Gold und Silber, wenn es diesen Ausdünstungen besonders dem stärkern Dampfe der beiden Felsenklüfte ausgesezt ist, völlig verdorben und schwarz.

Der Grad der Wärme in diesen Bädern ist nicht durchaus gleich, kann aber größtentheils von thierischen Körpern ausgehalten werden; nur das Gliederbad ausgenommen, welches gegenwärtig ganz unnüz und in Verfall gerathen ist. Ein bejahrter Walach versichert mich jedoch, daß es ehedem in Gebrauch gewesen; und gewiß würde man sonst auch nicht die Brunnstube mit einem Dache versehn haben. Die Hize ist so stark, daß man in wenig Augenbliken, wie ich selbst die Probe gemacht habe, Eier dabei sieden kann.

Herr von Kranz, in seiner obenangeführten Abhandlung (17) sezet nach den Nachrichten, die er über den Grad der Wärme dieser Wässer einziehen konnte, die Einschränkung hinzu: Haec omnia ita admitti posse, donec exactius definitum sit Thermometri justitia, cujus judicium mihi ab aliquo referri Physico enixe postulo. Es hat nachher diesem würdigen Gelehrten gefallen, in einem verbindlichen Schrei-

---
(17) Analysis Thermarum herculanarum Daciae Trojani, Viennae 1773.

Schreiben mit welchem er mir die gesagte Abhandlung zuschikte, mich zu Versuchen aufzufodern, die ich auch wirklich angestellt habe, und daher meine Beobachtungen hier beifügen will.

Es war den 16. August 1776. den ich zu meinen Versuchen wählte. Ich beobachtete das Quekſilber in der Thermometerröhre am Orte ſelbſt in freier Luft, von ſechs bis neun Uhr 70. Gr. nach Fahrenheit und 17. Gr. nach Reaumür. Nun gieng ich von Bad zu Bade, ſezte die Kugel mit dem Quekſilber ein, das in der Röhre ſich folgendergeſtalt verhielt.

		Fahrenheit.	Reaumür.
1.	Schindelbad	100.	35.
2.	Rauberbad	112.	36.
3.	Gliederſchwizbad	119.	39.
4.	Gliederbad	119.	39.
5.	Kalkbad	99.	30.
6.	Gröſſeres Augenbad	112.	36.
7.	Kleineres Augenbad	112.	36.
8.	Fieberbad	117.	38.
9.	Geſchwulſtbad	118.	34.
10.	Franziſci oder Franzoſenbad	96.	28. 1/2.

Man ſieht aus dieſem Verzeichniſſe, daß das Gliederbad mit dem ihm nahen Schwizloche das erſte, das Fieberbad das zweite, das Rauber = und Augenbad das dritte, das Schindelbad das vierte, das Geſchwulſt = und Kalkbad das fünfte, und endlich das Franziſcibad das lezte, im Grade der Wärme iſt.

Die chymiſche Unterſuchung dieſer Wäſſer nahm Hr. von Kranz zu Wien vor, wohin ſie ihm von ſieben der berühmteſten Quellen in wolverſiegelten Flaſchen aus dem Bannate zugeſchikt worden ſind. Seine aus den Beobachtungen gemachten Schlüſſe laufen vor=

vorzüglich dahinaus. **Erstlich** lasse sich nicht zweifeln, daß alle diese Wässer ihren Bestandtheilen nach einerlei sind. **Zweitens**, wenn ein kleiner Unterschied vorwalte, sey er hauptsächlich darin zu spüren, daß das **Franzisci** und **Kalkbad** offenbare Selenitkristallen geben, die man nur sehr schwer aus den beiden Augenquellen, dem **Schindel-** und **Rauberbade** erhält, unterdes die Quellen der **Gliederbäder** ganz keine geben. **Drittens**, könne man daher keinen grossen Unterschied unter ihnen annehmen, da das Selenitsalz in so kleiner Quantität vorhanden ist, daß es in keine Betrachtung kömmt, auch niemals dem Gewichte nach kann angegeben werden. **Viertens**, habe sich von Eisen zwar wenig, aber doch etwas mehr als Selenit zu Boden gesezt; woraus denn **fünftens** offenbar die natürliche Eigenschaft dieser Wässer erhellet, indem die Erfahrung lehret, daß diese Bestandtheile ein subtiler flüchtiger Geist sind, der durch etwas weniges Kalkerde und vieles Kochsalz gebunden wird, welches meist kalkartig ist, indem der Selenit wie gesagt in keine Betrachtung kömmt. **Sechstens**, hätte zwar **Joachim Cramer** diesen Bädern schweflichte Bestandtheile zugeschrieben; er selbst, der Hr. v. **Kranz** hätte sie aber nicht finden, auch kein Alkali, noch das eigentliche Nitrum, noch Glaubers Wundersalz daraus ziehen können. (18)

In den Untersuchungen, die ich mit diesen Wässern angestellt, und einen ganzen Monat hindurch am Orte selbst wiederholt habe, hielt ich mich mit der äussersten Genauigkeit an die Methode des Hrn. v. **Kranz**. Auripigment, Bleizuker, zerflossenes Weinsteinsalz, Galläpfel, Silber und Quecksilberauflösung, Vitriolgeist u. s. w. waren die Materialien, deren ich mich gleich ihm und dem berühmten siebenbürgischen Arzte, Hrn. **Zagoni**, bei meinen Versuchen bediente. Ich unterlies nicht, nach solchen ersten Proben auf nassem Wege, diese Wässer allezeit in gleicher Quantität ins Sandbad zu sezen, um das Resultat und das Verhältniß ihrer Bestandtheile zu bestimmen.

---

(18) In der angeführten Abhandlung.

Man kann nicht läugnen, daß es allezeit ein grosser Vortheil ist, wenn die mineralischen Wässer am Orte selbst, gleich wie sie von der Quelle kommen, der chemischen Auflösung unterworfen werden, eh sie erst lange gestanden, oder nach einer langen Reise in beständiger Bewegung gewesen sind. Mag es aus dieser oder aus einer andern Ursache seyn, genug ich habe nach der Abrauchung im Bodensaze aller unserer mineralischen Wässer, auf trokenem Wege allezeit gefunden, daß das Kochsalz in grösserer Quantität vorhanden war, daß es aber doch in keinem an Selenit fehlte. Auch erhielt ich aus jedem etwas weniges Ocher und Kalkerde, besonders aus den Wässern des Franzisci und des Kalkbades.

Das Kochsalz war unregelmässig gestaltet, die Seleniten in kleinen Häkchen, glänzend weiß, und hierin dem feinsten Federalaune gleich.

Alles kurz zu fassen, aus meinen Versuchen ergab sich, daß diese Wässer vitriol und alaunartig sind, und gar nichts alkalisches an sich haben, indem das rauchende Scheidewasser, Vitriolöl und Schwefelgeist aufgegossen, nicht das geringste Zeichen des Aufbrausens gaben, vielmehr ihnen ihre ganze Klarheit liesen. Nach diesen lezten Proben wäre es unnüz Salpeter darin zu suchen, oder Glaubers Wundersalz daraus ziehen zu wollen.

Doch es sind Erscheinungen bei diesen Quellen, wo man aus dem ersten Anblike gleich urtheilen muß, daß sie schwefelartig sind; und eben daher war es auch, daß die Alten sie dem Herkules heiligten.

Ich habe eben schon gesagt, daß sie einen Schwefelgeruch aushauchen, der Gold und Silber angreift, oder eigentlicher zu reden, es mit einem schwarzen Rauche überzieht. Alle Naturkundiger schreiben den Quellen, wo dieses wahrgenommen wird, einen sauren Schwefelgeist zu.

Der

Der salzigte, bittere Geschmak, die Leichtigkeit und Klarheit der Wässer, die beständigen Blasen, die man oft mit einigem Geräusche, besonders aus dem Schindel = Rauber = und Franzisscibade auffahren sieht, können nichts anders als die Wirkungen jenes flüchtigen Schwefelgeistes seyn, der bei den Scheidekünstlern Gas heißt, (19) und der sich in denselben befinden muß. Endlich sieht man Schwefelleberblumen an der Kluft, aus der das Gliederbad hervorquillet, so wie auf dem steinigten Boden, über den es fortläuft; eben dergleichen an den Wänden des benachbarten Schwizloches; ferner an einer andern Kluft, aus der mit dikem Dampfe die Wässer des Rauberbades hervorbrechen — alles sichere Proben, daß die hauptsächlichsten Bestandtheile dieser Bäder Schwefel sind.

Nur eine gute chemische Zergliederung kann der Weg seyn, die verschiedenen Erscheinungen bei unsern Quellen zu vereinigen — nach den Schlüssen, die ich aus den Beobachtungen herzuleiten wage, wären sie vitriol = alaunartig.

Ich habe bereits bemerkt, daß ich nach der Destillation im Bodensaze aller dieser Wässer, neben dem vielen kalkartigen Kochsalze, auch Selenit gefunden habe. Ich muß hierüber meinen gelehrten Freund, den Hrn. Joh. Arduino reden lassen. (20) Die Scheidekünstler erkennen den Selenit für eine Kalkerde, die von der Vitriolsäure aufgelöset, und nachher durch die Kristallisation in den Zustand eines wirklichen Salzes übergangen ist. Sie ist allen vitriol = und alaunartigen Wässern gemein, mögen sie nun natürlich aus der Erde hervorquellen, oder durch Zugüsse und das Anspülen an kiesartigen Mineralien und

Fossi=

---

(19) Maquer dictionaire de Chymie. Article, Eaux minerales.
(20) Giornale d'Italia di scienza naturale &c. Vol. XI. wo ich seine Abhandlung: Notizie sopra una sorgente di aqua acidula medicinale recentemente scoperta nei monti d'Ancignano del Territorio Vicentino.

Foßilien, entstanden seyn, wo die mineralische Säure, die sich mit dem brennlichen Wesen unter der Gestalt eines wahren Schwefels darin befindet, von diesem brennlichen Wesen entbunden, izt völlig vitriolisch, alaunartig oder aus beiden gemischt ist, wie es ihre metallische oder erdigte Basis giebt. Nach diesen Grundsäzen sehn wir alle bisher angeführte Erscheinungen entziffert, und auch die Ursache ins Licht gesezt, warum alle dergleichen Wässer warm waren, aber doch in dem Grade der Wärme sich nicht gleich sind. Ich berufe mich hierin auf das vortrefliche chymische Wörterbuch des Hrn. Macquer, welches die richtigsten Ideen von der Verwitterung der Kiese geben kann. (21)

Nach ihm enthalten alle Kiese Eisen, und mit dem Eisen fast allezeit auch Schwefel. Die gemeinsten Kiesarten haben keine anderen als diese beiden Bestandtheile, neben ihrer unmetallischen Erde. Nun ist bei Schwefel und Eisen, wenn sie wohl gemischt, und von hinlänglicher Feuchtigkeit in Bewegung gesezt sind, die besondere Eigenschaft, daß ein grosser Theil von Kiesen, alle diejenigen nämlich die nichts als die gesagten Bestandtheile enthalten, eine starke Veränderung und auch wohl gänzliche Zerlegung leidet, wenn sie eine Zeitlang der vereinigten Wirkung der Luft und des Wassers ausgesezt sind. Die Feuchtigkeit durchdringet sie nach und nach, zertheilet und verflüchtiget beträchtlich ihre Theile; die Schwefelsäure hält sich izt mehr an die Eisenerde, und selbst an die unmetallische Erde; das brennliche Wesen wird in Theile abgesondert und zerstreut; die entwikelte Schwefelsäure macht mit den festen Bestandtheilen des Kieses vitriolisches, alaunartiges und selenitisches Salz.

Wirklich kann man nicht zweifeln, sezt dieser berühmte Schriftsteller in der Folge hinzu, daß da die Erde in ihren Eingeweiden erstaunenswürdige Massen Kies enthält, diese, in ihren tiefen Lagerstätten nicht ebendenselben Veränderungen als am Tage unterliegen solten,

wo

(21) A. t. Pyrites.

wo Luft und Feuchtigkeit in die Klüfte zudringen können. Die besten Naturkündiger kommen überein, daß die Erdbrände, Feuerschlünde, und mineralische Quellen, vitriol = alaun = und schwefelartige, warme und kalte, keine andere Ursache als diese wundernswürdige Zerlegung, oder Auflösung der Kiese haben. Daß die eisenschüssigen Schwefelkiese, die in vielen Bergen nach unendlichen Abänderungen da liegen, die Magazine sind, aus welchen die vitriol = und alaunartigen Wässer ihre Bestandtheile hernehmen, darüber seh ich nicht ein, wie man mit einigem Grunde noch Zweifel erregen könnte. Und dieses vorausgesezt, ist es für sich klar, warum alle Quellen zu Mehadia von salzigt = bitterm Geschmacke sind; warum alle mehr oder weniger nach Schwefel stinken; warum sie Gold und Silber den Glanz benehmen; warum bei einigen, da wo sie hervorbrechen, Schwefelleberblumen gefunden werden; warum sie endlich alle, die eine mehr oder weniger warm sind.

Da in den umliegenden Bergen angehäufte Kiese, vielleicht in nur geringer Entfernung von den Klüften liegen, aus denen die Wässer vorbrechen, die wie sie darüber weggelaufen sind, sie in Verwitterung und Gährung gebracht haben; so ist es natürlich, daß sie bei dem Quelle sich noch nicht ganz von der Schwefelsäure losgemacht haben, mit der sie angeschwängert sind, ja daß sie an einiger Orten sogar mit Theilchen dieses Minerals unverändert, wie z. B. die angeführten Schwefelblumen, mit sich hervorsprudeln. Ebenso natürlich ist der Schwefelgeruch welchen sie aushauchen, sowie alle übrigen oben angeführten Erscheinungen, daß man nämlich durch die chymische Zerlegung kein Wunder, oder anderes Salz welches Alkali zur Basis hat, erhält, sondern blos Kochsalz und Selenit — beides Produkte der vitriol = und alaunartigen Bestandtheile des Eisenkieses, wie sie durch seine Verwitterung zugleich entstanden sind.

So begreift man auch warum die herkulischen Bäder zu Mehadia in dem Grade ihrer Wärme so sehr von einander verschieden sind. Man findet in der Tabelle von 119 bis 96. nach Fahrenheit, und 39 bis

Zweiter Theil. Q   28

28 1/2. nach Reaumur. Was könnte diesen Unterschied wirken, als die grössere oder mindere Entfernung der Kiesmassen, über welche die Wässer weglaufen, eh sie an den Quellort kommen? So müßten z. B. bei dem Franziscibad, dessen Wärmegrad der geringste ist, die Kiese am weitesten von der Quelle abgelegen seyn. Gewis ist dieses der Fall, da zur Sommerszeit es nicht selten alle Wärme verliert, weniger Schwefelgeruch als alle übrigen aushaucht, und da es auf seiner langen Reise von der Schwefelsäure grossentheils entbunden wird, auch mehr Koch=Kalk und Selenitsalz, nebst einigen Gran Ocher giebt, welches seine vitriolische und alaunhafte Eigenschaft so offenbar beweiset, daß es überflüssig wäre, ihr weiter nachzuspüren.

Nach dieser genauen und wiederholten Auflösung und chemischen Zergliederung dieser Wässer in ihre Bestandtheile, wird es einem gelehrten Arzte nicht schwer seyn ihre Heilkräfte zu bestimmen. In meinem Plane kömmt eine solche Untersuchung nicht.

Ich will nur sagen, daß ihr Ruhm durch die Erfahrungen einer langen Reihe von Jahrhunderten sich bestätiget hat. Die Namen der meisten zeugen schon von ihren erkannten Heilkräften. Doch ist das Schindelbad über alle andere berühmt, wider Schmerzen jeder Gattung; wider ausgetretene, verdorbene Säfte; wider die veraltesten, hartnäkigsten Rheumatismen; wider die Kräze und Hautkrankheiten überhaupt; wider Unordnungen in den Zeiten des andern Geschlechts, sowohl sie herzustellen als den zu starken Blutfluß und auch den weissen Fluß zu heilen; wider andere Verblutungen, Bluthusten und dergleichen. Gesunde thun wohl sich dessen zu enthalten. Ich rede aus eigener Erfahrung. Nachdem ich dieses Bad, um an mir selbst die Wirkung der Wärme seiner Wässer zu versuchen, dreimal gebraucht hatte, fiel mich ein Entzündungsfieber an, das mich dem Tode nahe brachte. Von zweenen Herren, die mit mir aus dem Bade zurückreiseten, litt der eine fast sechs Wochen hindurch die grausamsten Schmerzen, und der andere starb nach einer äusserst beschwerlichen Krankheit.

Ge=

Genug denn, mein Herr Abt, über diesen Gegenstand. Ich schliese damit meine Bemerkungen über die Mineralgeschichte des Bannats, welches doch immer der beträchtlichste Theil der Naturgeschichte dieser Provinz ist. Wie glücklich schäze ich mich, solche den Einsichten eines grossen Naturkündigers zu unterwerfen, der durch seine gelehrten Werke die Ehre Italiens wird. Belohnt durch Eu. Beifall, und durch ihr Urtheil aufgemuntert, achte ich wenig den Tadel der Feinde nüzlicher Bemühungen — ich habe nur für die Freunde der Menschheit, nur für schöne und edle Seelen gearbeitet.

Ich bin mit aller Verehrung ꝛc.

Zwölfter Brief
an Herrn von Scopoli,

öffentlichen Lehrer der Kräuterkunde auf der k. k. hohen Schule zu Pavia.

Ueber eine Gattung schädlicher Insekten, die man die kolombatischen Mücken nennet, welche unter den Ochsen, Schafen, Ziegen, Schweinen und Pferden in Servien, dem Temeswarer Bannat, und der abendländischen Wallachey grossen Schaden anrichten.

Geschrieben zu Temeswar
den 18ten Jenner 1777.

Im leztvorigen Jahrhunderte war der berühmte Riccioli einer der ersten, welcher die in den Trabanten unseres Planeten von ihm entdekte, und untersuchte Fleken mit den Namen einiger grossen Sternkündigen aus den vorigen, und seinen eigenen Zeiten beleget

leget hat. Die heutigen Naturforscher, welche dieselbe in ihrem schönsten, und reizendsten Werken betrachten, wenn sie bey ihren Untersuchungen ohngefähr Dinge finden, welche bisher noch nicht beobachtet worden sind, und wovon man noch keine Beschreibung hat, bezeichnen die Bestimmung neuer allgemeiner, und besonderer Gattungen mit den Namen solcher Männer, die auf die Betrachtung der Arbeiten dieser grossen Mutter sich aus Neigung verlegen. Eine Gewohnheit, welche dahin abzielet Talente zu ehren, und ihr Andenken, welches mit der Liebe zu den nüzlichen Wissenschaften, namentlich zur Kräuterkunde von gleicher Dauer seyn wird, zu verewigen.

Nun haben zwar Boerhave, Haller, van Swieten, Linnäus, Malzighi, Triomfeldi, Vallisnieri, Vaillant, Marchand, Reaumür, und noch mehr andere glückliche Genien diese Ehre billig verdienet, allein, mein Herr! was wird die Welt von mir sagen, von mir, den sie die Güte gehabt haben, in den nämlichen Rang zu sezen?

Sie haben meinen Namen aus dem Finstern hervorgezogen, da es ihnen beliebet hat, eine bisher noch nicht untersuchte Pflanze aus Guajana die Griselinische zu benennen. Nie werden alle meine Bemühungen hinlangen, ihre Wahl zu rechtfertigen. Doch die Sache ist bereits geschehen. Mir bleibt nur übrig, Ihnen auf das Lebhafteste dafür zu danken.

Das Temeswarer Bannat, welches ich in wenig Tagen zu verlassen gedenke, hätte mir in seinen mit Pflanzen reichlich versehenen Ebenen und Bergen einige Entdeckungen darbieten können, wenn meine auf einander gefolgten Krankheiten mich nicht gehindert hätten, meine Aufmerksamkeit nach meinem Wunsche auf diese Gegenstände zu richten. Die daselbst befindliche unsägliche Menge Insekten würde mir einen neuen Stoff dazu gegeben haben. Jedoch würde die ganze Zeit

mei=

meines noch übrigen Lebens nicht zureichend gewesen seyn, dergleichen Betrachtungen mit nöthiger Ordnung anzustellen.

Demungeachtet habe ich nicht verabsäumet, einige seltene Gattungen, die noch keinen Plaz in den Individualverzeichnissen der entomologischen Wissenschaft gefunden haben, zu beobachten. Hier will ich nur von den fürchterlichen kolumbachischen Mücken reden, die durch ihre schädlichen Wirkungen in diesem Lande, leider! nur allzusehr bekannt sind.

Herr Hofrath Ignaz von Born hatte mir Nachricht gegeben, daß der vor sechs oder sieben Jahren im Bannate gewesene Herr Brunich über diese Insekten eine Abhandlung in dänischer Sprache verfasset habe, welche den Schriften der kopenhagner königl. Akademie der Wissenschaften einverleibet worden seyn soll. Gleichwie ich aber solche noch nicht zu Gesicht bekommen habe, so will ich Ihnen indessen alles, was ich von gemeldeten Insekten weiß, getreulich anzeigen, zugleich auch meine Anmerkungen beyfügen. Ich bin bereit meine Fehler zu verbessern, wenn der dänische Philosoph mich irgends an Fleiße, oder an Genauigkeit übertroffen haben sollte.

Die Insekten wovon hier die Rede ist, sind nicht grösser, als die Mücken. Man nennet sie kolumbachische Mücken, weil sie aus der Gegend eines in Servien am rechten Ufer der Donau gelegenen Schlosses gleiches Namens herkommen, und weil sie am Körperbaue den Mücken vollkommen gleich sind. Der gemeinen Sage nach entstehen sie in gewissen Berghöhlen. Ich habe sie zwar dort heraus, aber auch anderswoher, das ist, aus dem Innern des Landes kommen sehen. Sie fliegen schwarmweise, und diese sehr ausgebreiteten Schwärme scheinen von weiten dicke Rauchwolken zu seyn, so wie die Dampfsäulen, die von der Oberfläche des Meeres in die Höhe steigen.

Im Brachmonate des Jahrs 1775. machte ich eine viertägige Reise auf der Donau, von Semlin, einer Belgrad gegen über gelegenen slavonischen Stadt in Syrmien, bis nach Schuppanack, in der Absicht, einige an den Ufern dieses Flusses noch übergebliebene römische Alterthümer zu besichtigen. Kaum war ich über Somondria hinausgekommen, als ich anfieng, diese Mücken gewahr zu werden. Sie bedekten meinen ganzen wollenen Ueberrock. Gleichfalls bemerkte ich sie oberhalb des in der Donau befindlichen Wasserwirbels, Tachalia genannt; nicht weniger bey Malacolumbigna, und höher hinauf. Da ich zu Ogradina mich aufhielt, um ein beträchtliches Denkmaal, welches Kaiser Traian in einen Felsen einhauen ließ, und die majestätischen Verzierungen einer Inschrift, mit welcher der am Eingange eines zur Herbeyziehung der Fahrzeuge ans Ufer dienlichen Weges aufgestellte Stein pranget, abzuzeichnen, so erinnere ich mich, daß gedachte Mücken in so ungeheurer Menge auf mein Angesicht loßstürmeten, daß ich auf dem Punkte war, die unternommene Arbeit zu verlassen. Dieß geschah zur Zeit ihrer lezten Erscheinung, wie man insgemein dafür hält, wo sie zwar überlästig, aber nicht, wie in den zwey vorhergehenden Zeiten, schädlich sind. Ihre erste Erscheinung geschieht gemeiniglich nach dem zwanzigsten oder fünfundzwanzigsten April, und die zweyte folget nach der Hälfte des Maymonats, zuweilen etwas früher oder später. Jedoch trift diese Regel vielleicht nur alsdann zu, wenn man die Jahre im Durchschnitte berechnet. Denn im Herbstmonate des Jahres 1776. bemerkte man zu Temeswar selbst einen Durchzug dieser Insekten, der zwey ganze Tage lang dauerte. Und eben hier war es der erste Vorfall, wo ich sie mit einem Vergrösserungsglase gelegentlich beobachten konnte. Früh Morgens fand man eine Menge ihrer Todten auf den hervorragenden Fenstersteinen liegen. Sie beschädigten die Thiere nicht. Wenn man ihnen aber, zum Beyspiele, einen offenen Kürbis aussezte, so fielen sie darauf in so grosser Zahl, daß es nicht anders ließ, als wenn man den Kürbis in ein Geschirr voll schwarzer Farbe gestekt hätte.

Durch

Durch Regen und starke Winde werden sie zerstreuet, und der natürliche Lauf ihres Lebens abgekürzet. In diesem Falle ist der Schade, den sie während ihrer zwey ersten Erscheinungen zufügen, weniger beträchtlich. Wenn aber der Frühling, und des Sommers Anfang trocken sind, wenn sanfte Ostwinde zu dieser Zeit herrschen, dann verbreiten sie ihren Zug in unzähligen Kolonien einerseits über Orsova, Esernes, Widdin, und Nicopolis im türkischen Gebiete hinaus, anderer seits durchstreifen sie drey Bezirke des Bannats, den von Vipalanca, den von Mehadia, und den von Werschez. Es ist ein Wunder der göttlichen Fürsehung, daß ihr Flug und ihre Verheerungen sich nicht weiter erstreken.

In unbeschreiblicher Anzahl fallen diese Insekten ohne Unterschied auf Ochsen, Kühe, Schafe, Ziegen, Pferde und Schweine. Umsonst trachten die armen Thiere durch gewaltiges Springen und Herumschlagen mit dem Schweife sich von dieser Plage zu entledigen. Alle von Haaren entblößte Theile ihres Körpers, als da sind die Brust und das Kinn, sind in einem Augenblicke von diesen Insekten bedecket, welche sich daselbst mit einer rasenden Hartnäckigkeit fest sezen, in die Nasen- und Ohrenlöcher eindringen, den Rand der Augen umzingeln, und so viel möglich, in die Oefnungen der Zeugungsglieder beyderley Geschlechts, sonderlich der Kühe, eindringen. Die gräßlichen Schmerzen welche die verfolgten Thiere ausstehen müssen, veroffenbaren sich durch ihr jämmerliches Brüllen, Blöken, Grunzen, Wihern und Heulen, nochmehr aber durch ihr schnelles Laufen, indem sie sich sogar ins Wasser werfen, falls sie eines in der Nähe antreffen. Endlich fallen sie todt nieder, entweder in dem Anfalle selbst, oder drey bis vier Stunden hernach, oder am spätesten in der folgenden Nacht.

Noch zur Stunde hat man gegen dieses Unheil kein anderes Mittel gefunden, als in der Zeit, wo diese Insekten zu erscheinen anfangen, grosse Strohfeuer anzuzünden, und jene Glieder der Thiere, auf welche sich diese Insekten am häufigsten sezen, mit einem Wasser zu befeuchfeuchten, worin Wermuthkraut gekochet worden ist. Der Rauch vertreibet sie, und dem sehr scharfen Geruche des Wermuths können sie nicht widerstehn. Man muß erstaunen, wenn man sieht, mit welcher Eilfertigkeit die von dem Lichte der Vernunft entblößte, und nur durch den natürlichen Instinkt geleiteten Thiere um das Feuer sich ringsherum haufenweise versammeln, damit sie sich gegen die ungestümmen Mücken beschützen mögen.

Gleichwie aber dergleichen Hilfsmittel durch eine Menge Umstände meist vereitelt werden, so sind die Akersleute, und diejenigen, welche Heerden auf den Weiden haben, einem Verluste ausgesezt, welcher sie in den betrübtesten Zustand stürzet.

Die Einwohner des Bannats, die den Schaden am meisten empfinden, haben klägliche und wiederholte Bittschriften bey der k. k. Landstelle darüber eingereichet. Das nämliche haben die Bewohner des Bezirkes von Werschez zweymal im vorigen Frühjahre bey Gelegenheit, daß sie ihre zum k. k. Robbathdienste gebrauchten Ochsen verlohren hatten, gethan. Als diese Bittschriften bis zum Throne gelanget waren, ergieng der allerhöchste Befehl, über diese Gattung Insekten die genaueste Nachforschung anzustellen, ihre angeblichen Wirkungen nach der eigentlichen Wahrheit zu prüfen, und dahin zu sehen, ob es keine bessern Bewahrungsmittel gebe, als diejenigen, die man bis nun zu angewendet hat.

Ich werde also Ihnen, mein Herr, eine kurze Geschichte der über den Ursprung dieser Mücken angestellten Untersuchung hier darlegen. Sie ist aus einigen Schriften, die ich mir beyschaffen konnte, aus dem Resultat der geschehenen Bemerkungen und aus der Abschrift einer Abhandlung gezogen, welche der unsterbliche Freyherr von Swieten, einer der größten Lehrer der Heilkunst, ans Licht gestellet hat. Man glaubt gemeiniglich, daß die Mücken, wie schon oben gemeldet worden ist, aus gewissen Löchern der bey Kolumbach am linken Ufer der Donau befindlichen

Gebirgen hervorkommen, daß sie sich daselbst ausbreiten, und von dort aus in unzähligen Schwärmen ihren Flug sowohl nach Servien, als dem Bannate, und den angränzenden Provinzen nehmen. Die abergläubischen und unwissenden Walachen behaupten sogar, daß sie nur bey einem einzigen Loche herausbrechen. Bey diesem Loche oder Berghöhle hat der heilige Georg, nach der walachischen Sage, den höllischen Drachen bekämpfet, ihm den Kopf abgehauen, und solchen in ersagte Höhle geworfen. Nun aus dem Kopfe dieses Ungeheuers sollen die schädlichen Thierchen entstehen. Indessen habe ich bereits angezeiget, daß man in mehreren bey Kolumbach gelegenen Bergen dergleichen Höhlen antrift, daß aus allen diesen Höhlen oder Löchern erwähnte Mücken herausfliegen, und daß ich selbst sie aus dem Innersten des Landes, ja sehr weit herkommen gesehen habe.

Andere versichern, es falle ein Bach von einem dieser Berge herab, dessen Wasser im Sommer gefroren, im Winter aber heiß sey. Dieser Bach führe Scorpionen, kleine Schlangen, Wespen, und anderes Ungeziefer bey sich, welche sein Wasser mit ihrem Gifte anstecken, woraus dann auch diese Mücken entstünden.

Diese Meinung wird zum Theil von denjenigen verworfen, welche glauben, daß die Mücken nicht vom Wasser, sondern von der Gährung entspringen, die aus dem schädlichen Unflate dieser vergifteten Thiere entstehet. Noch andern zufolge hat man sie auf den Bäumen, oder vielmehr auf den Eicheln, die auf einer Gattung von Eichbäumen wachsen, sich entwickeln sehen, sobald diese Eicheln von dem warmen Frühlingsregen befeuchtet werden. Hr. Kömeber, erster Arzt zu Temeswar, ist der Urheber dieser ausschweifenden Meinung. Es soll sich aber bald zeigen, daß unsere Mücken zu einer von den Galinsekten ganz verschiedener Art gehören.

Zweiter Theil.   R   End-

Endlich stimmen alle dahin überein, daß diese Mücken in die Körper der Thiere die sie anfallen, durch alle ihre Oefnungen eindringen. Daß also die Thiere am Gifte sterben, und folglich auch ihr Fleisch vergiftet sey, welches seine tödliche Eigenschaft allen, die davon genießen, mittheilet.

Hievon führet man folgende Beweise an. Einige Kälber und Schafe, welche dem Anfalle dieser Insekten ausgesezt waren, starben theils gleich unter dem Anfalle selbst, theils nach wenig Stunden, theils in folgender Nacht. Ihre todten Körper waren geschwollen, sonderlich die Nasenlöcher, Eyter und Geburtsglieder. Bey den Schafen sah man einige Blutflecken oberhalb der Brust, und bey den Kälbern oberhalb des Halses. Nach ihrer Eröfnung fand man ihr ganzes Eingeweide frisch und gesund. Nur das Oefnungsloch des männlichen Gliedes, das Schleimfell, und andere, mit welchen die Nasenkanäle eingewickelt oder gefuttert sind, waren geschwollen, und entzündet. In allen diesen Theilen war weder eine todte, noch lebendige Mücke anzutreffen. Das Fleisch ward den Hunden vorgeworfen. Sie fraßen davon, und verreckten doch nicht. Ein Husar ließ sich ein groß Stück kochen, und stopfte sich damit den Bauch voll, ohne daß er das mindeste Ungemach verspüret hätte. Alle obigen Umstände wurden dem gelehrten Arzte einberichtet. Weil aber in diesem Berichte keine umständliche Beschreibung dieser Insekten vorkömmt, so schrieb der Arzt eine Abhandlung über die Stachel, mit welchem eine gewisse Gattung Mücken von der Natur versehen worden ist, um sich gegen Angriffe zu vertheidigen, einige für ihr Daseyn nöthige Handlungen zu vollbringen, z. B. den für die Nahrung taugenden Saft gewisser Pflanzen, und Thiere auszusaugen, und Nester für die kleinen Eyerchen, deren sie sich entladen, mit ihren Spizen zu bereiben. Er redet von den Wirkungen, die dergleichen Stachelstiche in den Thieren, welche davon getroffen werden, hervorbringen, von den Entzündungen, und der Reizung der verwundeten Theile, woraus der Tod der Thiere entstehen kann, wovon die kolumbachischen Mücken ein Beyspiel geben. Um diese Mücken zu vertreiben, weiß der Arzt kein anderes Mittel, als Strohfeuer anzuzünden. Er will auch, daß zur gewöhnlichen Erscheinungszeit dieser Mücken jene Theile der Thiere, an welche sich wiederholte Mücken vorzüglich zu hängen pflegen, täglich mit einem Wasser gewaschen werden sollen, worin man Nußbaumblätter abgekochet hat. Solche Blätter müssen vom vergangenen Jahre aufbehalten werden, indem zu jener Zeit, wo die Mücken zum erstenmale erscheinen, die Bäume noch keine grünen Blätter tragen.

Mit allem dem wissen wir doch bisher noch nicht, von welcher Gattung unsere Mücken sind, und was für einen spezifischen Charakter sie haben. Dieß macht in ihrer Geschichte, folglich auch in der entomologischen Wissenschaft ein Leeres, welches wohl verdienet ausgefüllet zu werden, zumal, da sie ungeachtet ihrer Kleinheit dennoch so schrecklich und schädlich sind.

Im Herbstmonate des 1776sten Jahres konnte ich diese Mücken nach aller meiner Bequemlichkeit sowohl mit dem blossen, als bewaffneten Auge betrachten, und sah an ihren Köpfen zwey kleine Fühlhörner. In Mitte derselben befindet sich ein kleiner Stachel, welcher ihnen statt des Mundes, oder Rüssels dienet, weil sie keine andere Oefnung haben. Ihr Rücken ist schwärzlich, und etwas haarig, ihr Bauch weiß. Sechs Füsse sind daran geheftet, wovon die zwey ersten kurz, die mittern etwas länger, die lezten aber die grössten sind. Sie haben nur zwey mit Fell und Adern durchwebte Flügel, einen auf jeder Seite, unten einen aschenfärbigen ziemlich durchsichtigen kleinen Anhang. Unmittelbar mit dem Bauche und Rücken sind eilf kleine bleifärbige Ringe verbunden, welche den Hintertheil ihres ganzen Körpers gestalten. Jeder aus diesen Ringen ist mit einem Faden, oder kleinem schwarzen Zirkel umwunden. Ich habe schon gesagt, daß diese Mücken etwas grösser, als die kleinsten Golsen sind.

Aus dieser Beschreibung erhellet, daß unsere Mücken zur Ordnung der zweyflügeligen Mücken gehören, und daß man wegen ihrer besondern Merkmale sie ohne Anstand unter das Geschlecht derjenigen reihen müsse, welche bey den Griechen Oestrus, bey den Lateinern Asilus heisen. Ich lade sie ein, mein Herr, die in Form eines Briefes geschriebene Abhandlung des Herrn Valisnieri über den Oestrus der Ochsen zu lesen, wo sie eine Stelle des Virgils Georgicorum L. 3. v. 146. finden werden, die beweiset, wie sehr diese Insekten schon in alten Zeiten gefürchtet waren.

Est lucos Silari circa ilicibusque virentem,

Plurimus alburnum volitans, cui nomen *asilo*

Romanum est, *Oestron* Graii vertere vocantes.

Asper, acerba sonans, quo tota exterrita silvis

Diffugiunt armenta: furit mugitibus aether

Concussus, silvæque, et sicci ripa Tanagri.

Hoc quondam monstro horribiles exercuit iras

Inachiæ Iuno pestem meditata juvencæ.

Hunc quoque (nam mediis fervoribus acrior instat

Arcebis gravido pecori, armentaque pasces

Sole recens orto, aut noctem ducentibus astris.)

Nunmehro kann man zu den fünf Gattungen des Oestrus (Brem̃ſen) welche der Ritter Linnæus in ſeinem Syſtem der Natur (Claſſ. V. ord. VI. n. 251.) angezeiget hat, und da ſind: Oeſtrus Bovis (die Ochſenbremſe) Oeſtrus terrandi (die Renntierbremſe), Oeſtrus naſalis (der Naſenkriecher), Oeſtrus hemorrhoidalis (der Afterkriecher), Oeſtrus Ovis (der Stirngrübler), die ſechſte hinzufügen, und mit dem Namen Oeſtrus Columbacenſis (die kolumbacher Bremſe) bezeichnen.

Ohne auf ihre Gröſſe zu ſehen, gleichen dieſe Oeſtri columbacenſes der Geſtalt nach mehr dem Oeſtrus Bovis, als jeder anderen Gattung und den Wirkungen nach dem Oeſtrus terrandi, welchen man in Lappland ſiehet, woſelbſt dieſe Inſekten das Hornvieh verfolgen, und dergeſtalt anfallen, daß die armen Thiere das Leben darüber verlieren. Die kolumbaſchiſchen Bremſen unterſcheiden ſich von den übrigen Oeſtris dadurch, daß dieſe lezteren entweder nur die Ochſen, oder die Schafe allein antaſten, daß einige aus ihnen bey den Naſenlöchern der Thiere, andere bey der Oefnung des männlichen Glieds eindringen, da hingegen die kolumbachiſchen Mücken auf Ochſen, Schafe, Pferde, Ziegen und Schweine fallen, und ſich überall anhängen, wo der Gebrauch ihrer Stacheln nicht durch die Haare gehindert wird. Ich habe ſogar im leztvorigen Herbſtmonate geſehen, wie ſie eine Melone ausſaugeten, auf welche ſie ſich in ungeheurer Menge geniſtet hatten.

In den Wunden, die ſie an der Haut der von ihnen angegriffenen Thiere angebracht haben, hinterlaſſen ſie kleine Eyerchen, ſo wie es auch die Olſtri Bovis thun. Ob ſie ſolche auch in den faulen Materien der Excremente legen, wie es von den übrigen Gattungen geſchieht, muß erſt beobachtet werden. Meines Erachtens aber ſind dergleichen Beobachtungen unmöglich. Denn ſind die Inſekten ſelbſt ſo klein, um wie viel kleiner müſſen nicht ihre Eyerchen ſeyn? und wie kann man bey dieſer Beſchaffenheit auf einen Beobachtungsplan denken, welcher fähig wäre, die Sache ins Licht zu sezen? Uebrigens weiß ich gewiß, daß diese Insekten in unzähligen Schwärmen auf die Thiere fallen, daß sie ihnen eine Menge Wunden versezen, aus welchen eine Reizung und Entzündung der verwundeten Theile entsteht, worauf ein heftiges Fieber folget, das in seinem wütenden Anfalle die Thiere nothwendig zu Grunde richtet. Dergleichen Unfälle müssen desto stärker seyn, je empfindlicher die verwundeten Theile sind, nämlich das Schleimfell, das die Nasenkanäle bedeket, jenes andere Fell, wodurch der äusserste Theil des männlichen Gliedes umgeben wird, und die Eiterhüllen. Wir haben viele Beyspiele, daß eine kleine Anzahl der von einer Biene, oder Wespe versezten Stachelstiche Menschen und Vieh getödtet hat. Was muß man also bey Thieren erwarten, die an unzählbaren Theilen ihres Körpers verwundet werden, und zwar durch Stacheln, so nach Verhältniß ihrer geringen Größe ungemein spizig sind. Daher schwellen auch die verwundeten Theile auf, und werden mit Blute bedeket.

Gewiß ist es sehr wunderbar, wie ich oben erinnert habe, daß die kolumbachischen Oestri nur selten ihren Flug auf eine weite Entfernung ausbreiten, daß die Dauer ihres Lebens an sich so kurz sey, und noch dazu durch Winde und Regen sehr abgekürzet werde. Der weise Urheber der Natur hat Gutes, und Böses in gerechter Verhältniß abgewogen. Uns sind nicht alle E. dursachen bekannt. Wir begnügen uns, seine Werke zu bewundern. Ihre blosse Geschichte ist der Gegenstand unserer Untersuchungen, glücklich, wenn die menschliche Gesellschaft einigen Nuzen daraus schöpfen kann.

Die Naturgeschichte beschäftiget sich hauptsächlich damit, daß sie alle Dinge, welche die Natur von sich selbst hervorbringt, benenne, abzähle, und beschreibe. Ihr erhabener Endzweck ist, durch dergleichen Benennungen und Beschreibungen die Menschen zur Erkenntniß der Dinge, eben dadurch aber zur

Erkenntniß des Schöpfers selbst desto leichter zu führen, und ihren Nuzen zu befördern. (23)

Sie, mein Herr, haben es durch Ihre berühmten Werke, die für das Wachsthum der Naturgeschichte bestimmet sind, geleistet. Sie haben in der nämlichen Absicht die größten Genien unseres Zeitalters aufgefodert. Diese bewundere ich von weitem, aber Sie, mein Herr! bitte ich, meine Wißbegierde durch Ihren Schuz zu unterstüzen.

---

(23) Amoenitates academicae Linnaei.